Daniel Libeskind

ERWEITERUNG DES BERLIN MUSEUMS MIT
ABTEILUNG **JÜDISCHES MUSEUM**

EXTENSION TO THE BERLIN MUSEUM WITH
JEWISH MUSEUM DEPARTMENT

herausgegeben von/**edited by**
Kristin Feireiss

Ernst & Sohn

Diese Publikation wurde als begleitendes Buch zur Ausstellung über den Entwurf Daniel Libeskinds zum Erweiterungsbau des Berlin Museums mit Jüdischem Museum konzipiert. Die erste Ausstellung wird im September 1992 im Israel Museum in Jerusalem eröffnet. Ausstellungen in New York und Tokio befinden sich zur Zeit der Drucklegung in der Planung.

This catalogue appears on the occasion of the exhibition on Daniel Libeskind's design for the Berlin Museum with Jewish Museum. The first exhibition opens in September 1992 in the Israel Museum, Jerusalem. At the time of printing, exhibitions in New York and Tokyo are in preparation.

Ausstellungsorganisation und -durchführung/**Exhibition design and organization:**
Senatsverwaltung für Bau- und Wohnungswesen, Berlin: Rainer Woche, Katrin Neumann
Berlin Museum: Dr. Rolf Bothe, Helmuth F. Braun, Dr. Thomas Föhl
Israel Museum: Izzika Gaon, Elaine Varady
Architekturstudio Libeskind

Mitarbeiter im Büro Libeskind/**Project team**

Entwurf und Ausführung/**Design phase:** Bernhard von Hammerstein, Matthias Reese
Mitarbeit/**Assistance:** Eric J. Schall, Ilkka Tarkkanen, Hannes Peter Freudenreich, Jan Kleihues, Robert Choeff, Astrid Kurotschka, Martin Buchner, Thomas Deuble

Tragwerksplanung/**Structural engineering:** Ingenieurgesllschaft mbH Saar, Enseleit & Partner
Garten- und Landschaftsarchitekten/**Garden- planners and landscape-gardeners:** Cornelia Müller, Elmar Knippschild, Jan Wehberg; Mitarbeit/**Assistance:** Kamel Louafi, Ludger Engel, Angela Kauls, Oskar Kohler
Modellbau/**Model construction:** Karl-Friedrich Hörnlein, Monath & Menzel
Arbeitsmodelle/**Working models:** Steven Gerrard, Blake Shauman

Alle Rechte vorbehalten, besonders die der Übersetzung in fremde Sprachen. Kein Teil des Buches darf ohne schriftliche Genehmigung des Verlages in irgendeiner Form reproduziert werden.

All rights reserved, especially translation rights. No part of this book may be reproduced, stored in a retrieval system, transmitted in any form or by any means without prior permission of the publisher.

Gestaltung/**Catalogue design:** Sophie Bleifuß
Gesamtredaktion und Übersetzung des Essays von Daniel Libeskind ins Deutsche/**Overall editing and translation of Daniel Libeskind's essay into German:** Annette Wiethüchter
Übersetzungen ins Englische/**Translations into English:** Catherine Emerson
Redaktion des hebräischen Teils/**Editing of Hebrew texts:** Miriam Magall. Übersetzungen ins
Hebräische/**Translations into Hebrew:** Miriam Magall, Yeheshel Sahar, Jürgen Landeck
Der Beitrag von Dr. Kurt W. Forster wurde von ihm sowohl auf Deutsch als auch auf Englisch verfaßt. **Dr. Kurt W. Forster wrote his text in English as well as in German.**
Photo- und Arbeitsmaterial stellten zur Verfügung/**Photographs and drawings:** Shimon Attie, Hans-Joachim Bartsch, Berlin Museum, Steven Gerrad, Daniel Libeskind, Axel Monath, Müller/Knippschild/Wehberg, Ingenieurgesellschaft Saar, Enseleit & Partner, Eric J. Schall
Satz/**Typesetting and templates:** Ditta Ahmadi, Berlin
Reproduktionen/**Reproductions:** OffsetReproTechnik, Berlin
Druck/**Printing:** RATZLOW DRUCK, Berlin
Buchbinder/**Binding:** Lüderitz & Bauer, Berlin

© 1992 **Ernst & Sohn** Verlag für Architektur und technische Wissenschaften, Berlin
Ein Unternehmen der VCH Verlagsgruppe/ **A member of the VCH Publishing Group**
ISBN 3-433-02401-4

Für Nachman Libeskind,
meinen Vater, dessen Leben gezeigt hat,
daß die politische Geschichte
nicht das letzte Wort hat.

**For Nachman Libeskind,
my father, whose life has shown
that political history does not
have the last word.**

Ich möchte den folgenden Personen für ihre
unschätzbare Unterstützung bei der Verwirk-
lichung von Buch und Ausstellung danken:
Herrn Dr. Rolf Bothe, Direktor des Berlin
Museums und Freund in Berlin,
Frau Kristin Feireiss, Eigentümerin der Galerie
Aedes und Freundin in Berlin,
Herrn Izzika Gaon, Kustos für Design des Israel
Museums und Freund in Jerusalem.

Mein besonderer Dank gilt Josef Paul Kleihues,
Architekt und Freund,
und Heinz Galinski, dem kürzlich verstorbenen
Vorsitzenden der Jüdischen Gemeinde zu
Berlin und des Zentralrats der Juden in
Deutschland, der sich unermüdlich für die
Fortdauer jüdischen Lebens in Deutschland
eingesetzt hat.

I would like to thank the following persons
for their incomparable support in realizing
this book and exhibition:
Dr. Rolf Bothe, Director of the Berlin
Museum and friend in Berlin,
Mrs. Kristin Feireiss, Owner of the
Aedes Gallery and friend in Berlin,
Mr. Izzika Gaon, Curator of Design,
Israel Museum and friend in Jerusalem.

Also special thanks to Josef Paul Kleihues,
architect and friend,
and to Heinz Galinski, recently deceased
leader of the Berlin Jewish Community and
of the Central Council of Jews in Germany
whose commitment to the continuation of
Jewish life in Germany was unwavering.

Daniel Libeskind

Historiker und Politiker waren sich auf einer Konferenz im Berliner Aspen-Institut einig, es sei undenkbar, die deutsche Geschichte ohne die der Juden in Deutschland darzustellen. Nirgendwo ist diese Zusammengehörigkeit greifbarer als in der Geschichte Berlins. Verfolgung und Völkermord sind nicht das letzte Wort in der jüdischen und in der jüdisch-deutschen Geschichte. Juden waren und bleiben Mitschöpfer vieler Weltkulturen. Der lebendige Beitrag jüdischer Deutscher gehört deshalb als Teil des kulturellen Reichtums unserer Stadt in eine Dauerausstellung. Die Erweiterung des Berlin-Museums wird ein Jüdisches Museum beherbergen, das sowohl religiöse als auch weltliche Sammlungen ausstellen wird. Der architektonische Entwurf für den Erweiterungsbau enthält Formulierungen und Raumelemente, die zum Nachdenken anregen und dem Museum über das übliche Maß hinaus auch den Charakter einer Gedenkstätte geben. Auf diese Weise wird das Jüdische Museum als Erweiterung des Berlin Museums den unverlierbaren Anteil der Juden an der Berliner Geschichte nicht nur dokumentieren, sondern auch weiter festigen. Trotz finanzieller Schwierigkeiten hat der Senat von Berlin im Oktober 1991 beschlossen, den außergewöhnlichen Entwurf Daniel Libeskinds zu verwirklichen. Zu einer Zeit, in der Berlin sich auf den Eintritt in das 21. Jahrhundert und auf seine Rolle als Hauptstadt eines vereinten Deutschlands vorbereitet, wird das Jüdische Museum Wahrzeichen einer Tradition mit der Kraft einer hoffnungsvollen Vision werden.

Eberhard Diepgen
Regierender Bürgermeister von Berlin

At a conference at the Berlin Aspen Institute, historians and politicians agreed that the presentation of German history would be inconceivable without the history of the Jews in Germany. Nowhere is this association so clear as it is in the history of Berlin. Persecution and genocide are not the last word in Jewish and Jewish-German history. The Jews were, and remain, co-creators of many of the world's cultures. Therefore the vital contribution of Jewish Germans also belongs in a permanent exhibition as a part of our city's cultural richness. The extension of the Berlin Museum will be home to a Jewish Museum which will present religious as well as secular collections. The architectural plan for the extension contains formulations and spatial elements which stimulate reflection and give the museum, in more than the usual measure, the additional character of a memorial. In this way, the Jewish Museum, as an extension of the Berlin Museum, will not only document the imperishable part played by the Jews in German history; it will also be a permanent record. Despite financial difficulties, the Berlin Senate decided in October 1991 to implement Daniel Libeskind's unusual design. At a time when Berlin is preparing to enter the 21st century and to fulfill its role as the capital of a united Germany, the Jewish Museum will be a symbol of a tradition with the force of a vision of hope.

Eberhard Diepgen
Governing Mayor of Berlin

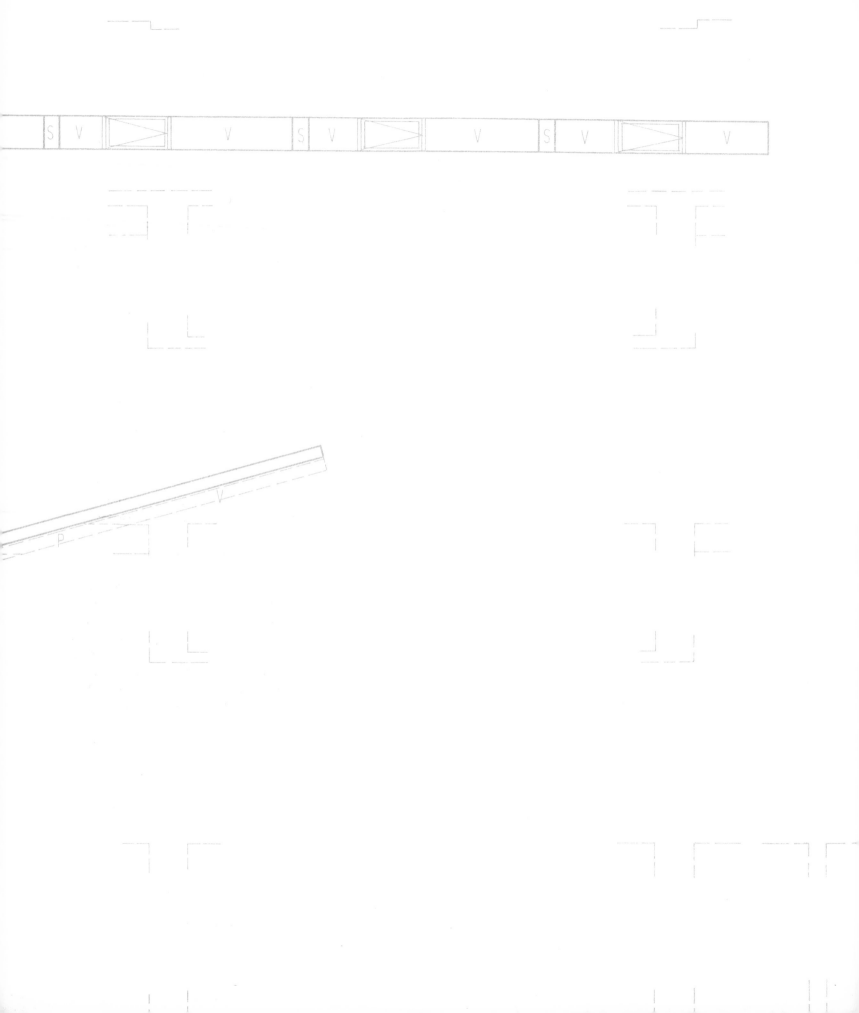

Die Geschichte einer Stadt ist untrennbar verbunden mit den Menschen, die in ihr lebten und leben. Es sind Menschen, die mit ihrer Kreativität, ihrem Mut, ihren Träumen, aber auch mit ihren Niederlagen eine Stadt prägen und gestalten. So ist auch die Geschichte Berlins in erster Linie die Geschichte von Menschen. Gebäude, Straßen und Plätze sind ihre steinernen Dokumente. Berlin hat in seiner wechselvollen, einzigartigen Geschichte viele Extreme erlebt. Es waren die überwiegenden Zeiten der Toleranz und Weltoffenheit, die Berlin einen Platz in den Reihen der bedeutenden Städte einnehmen ließen. So führte auch diese Toleranz zur Ansiedlung unserer jüdischen Mitbürger in Berlin. Sie, die Träger einer der ältesten Kulturen, deren Region die Wiege der großen Weltreligionen war, wurden zu aktiven, kreativen und richtungsweisenden Mitschöpfern deutscher und insbesondere auch Berliner Geschichte. Aber Deutschland und auch Berlin müssen mit den dunklen und beschämenden Seiten der Geschichte ganz bewußt leben. Holocaust, Völkermord und Verfolgung sind tiefe Brandmale im Antlitz unserer Vergangenheit. So ist die geplante Errichtung eines jüdischen Museums als integraler Bestandteil des Berlin Museums auch ein Gebot des unbewußten Umganges mit unserer Geschichte. Es ist nunmehr fast drei Jahre her, daß im Juni 1989 die Wettbewerbsentscheidung zum Erweiterungsbau des Berlin Museums fiel. An diesem Architekturwettbewerb hatten neben 157 Architekten aus der Bundesrepublik auch acht international renommierte Architekten teilgenommen. Mit seltener Einmütigkeit hatte das Preisgericht, unter Vorsitz von Prof. Josef Paul Kleihues, den 1. Preis der provokantesten Entwurfsidee zuerkannt. Als eine Chance und Herausforderung für Berlin bezeichneten die Preisrichter den prämiierten Entwurf des amerikanischen Architekten Daniel Libeskind. Mit einer ungewöhnlichen Architektur und zugleich Radikalität seiner Form bewältigt Daniel Libeskind die schwierige Aufgabenstellung, berlinische und jüdische Geschichte in einem Erweiterungsbau an das »historische Kollegienhaus« wieder miteinander zu verknüpfen. Als diese Wettbewerbsentscheidung fiel, war eine gewisse Aufbruchstimmung im Ostteil Berlins und der ehemaligen DDR unübersehbar. Aber wer von uns hätte damals geahnt, wie schnell

The history of a city is inseparably linked with the people who lived and live in it. It is people who characterise and shape a city with their creativity, their courage, their dreams, but also with their failures. Seen in this light, the history of Berlin is primarily the history of people. Buildings, streets and squares are their documents in stone. In the course of its changing, unique history, Berlin has experienced many extremes. It was the preponderant periods of tolerance and openness to the world which permitted Berlin to take its place in the ranks of important cities. It was also this tolerance which led to the settlement of our Jewish fellow citizens in Berlin. They, the descendants of one of the oldest cultures, whose region was the cradle of world religions, became active, creative and pioneering co-creators of the history of Germany and, in particular, of Berlin. But both Germany and Berlin must live in the consciousness of the dark and shameful sides of history. The holocaust, genocide and persecution are deep scars in the image of our past. For this reason the planned construction of a Jewish Museum as an integral part of the Berlin Museum is also a requirement of conscious association with our history. It is almost three years since the decision about the competition was taken in June 1989 to expand the Berlin Museum. In addition to 157 architects from the Federal Republic, eight internationally famous architects participated in this architectural competition. In unusual agreement, the jury, chaired by Professor Josef Paul Kleihues, awarded the 1st prize to the most provoking concept. The judges acclaimed the winning entry by the architect from the United States, Daniel Libeskind, as an opportunity and challenge for Berlin. Daniel Libeskind masters the difficult task of uniting Berlin and Jewish history in an extension department of the »historical Kollegienhaus« with an unusual architecture and, at the same time, radicality of form. When this competition was judged, a certain mood of radical change in the eastern part of Berlin and the former GDR was unmistakable. But who would have thought then that all our lives would change so quickly and radically. Literally

und radikal sich unser aller Leben verändern würde. Buchstäblich über Nacht wurde unsere geteilte Stadt wieder vereint, und täglich werden wir mit neuen Herausforderungen konfrontiert. Wohnungsnot und eine erschreckend marode Bausubstanz und Infrastruktur im Ostteil der Stadt machten und machen Investitionen in unvorstellbaren Größenordnungen notwendig. So galt auch eine aufkommende Diskussion um das Museumsprojekt nicht dem Inhalt, sondern dem Finanzvolumen eines solchen Erweiterungsbaus. Aber es war auch gerade diese Diskussion in unserer sich stetig verändernden Stadt, die immer wieder aufzeigte, wie wichtig dieses Museumsprojekt für das zukünftige Selbstverständnis Berlins ist. Wenn nach Wettbewerbsentscheid der Baubeginn für 1992 geplant war, so ist letztlich die Verschiebung auf Anfang 1993 kein Indiz für eine finanz- oder baupolitische Abkehr, sondern eher im Konkretisierungsprozeß der planungs- und baurechtlichen Schwierigkeit eines solchen Vorhabens zu sehen. Daniel Libeskind wird mit seiner architektonischen Lösung ein Beispiel innovativer Qualität geben und für Berlin eine Begegnungsstätte deutsch-jüdischer Kulturtraditionen schaffen, die gleichzeitig die Auseinandersetzung auch mit unserer eigenen Geschichte fördert.

Wolfgang Nagel
Senator für Bau- und Wohnungswesen

overnight, our divided city was reunited and daily confronted with new challenges. A housing shortage and a frighteningly decaying building substance and infrastructure in the eastern part of the city made, and continue to make, investments of inconceivable proportions necessary. Therefore, the discussion beginning on the museum project was not concerned with the content, but with the finance of such an extension. But this very discussion showed over and over again how important this museum project is for the future of Berlin's self-image. Although construction was intended to commence in 1992, the postponement to the beginning of 1993 is ultimately not an indication of a reversal of financial or building policy, but rather of the planning and legal difficulties in the process of implementing such a project. With his architectural solution, Daniel Libeskind will provide an example of innovative quality and create for Berlin a meeting-place of German-Jewish traditions which promotes at the same time an examination of our own history.

Wolfgang Nagel
Senator for Construction and Housing

Endlich ist es soweit! Im November 1992 wird der Grundstein für den Neubau des Jüdischen Museums gelegt. Ich freue mich sehr, daß dieses Projekt damit auf dem Weg seiner Realisierung einen großen Schritt vorangebracht wird. Ein solches Bauvorhaben verantwortlich mitzubetreuen ist – sowohl der architektonischen als auch der inhaltlichen Bedeutung wegen – für mich als Kulturpolitiker ein glücklicher Ausnahmefall. Der Entwurf von Daniel Libeskind entspricht den Bedürfnissen des Berlin Museums, insbesondere der Abteilung Jüdisches Museum gemäß dem vom Berlin Museum formulierten »integrativen Modell«. Daraus ist der Bau-Entwurf der inhaltlichen Durchdringung geworden. Inhalt und Bau entsprechen einander und steigern sich gegenseitig. Die Jüdische Abteilung im Berlin Museum ist einerseits ein Teil des Ganzen, andererseits ist sie »Museum im Museum«. Wer künftig das Berlin Museum aufsucht, wird auch außerhalb der Jüdischen Abteilung auf die Geschichte der Berliner Juden stoßen, und wer nur die Jüdische Abteilung besucht, wird dort unausweichlich mit der Geschichte der Stadt insgesamt konfrontiert. Die ungewöhnliche Form des Erweiterungsbaus von Libeskind, der dem barocken Gebäude an einigen Stellen zwar nahekommt, aber oberirdisch mit ihm nicht verbunden ist, verweist klar auf die unterschiedlichen Epochen ihrer Entstehungszeit. Gleichzeitig ermöglicht die weit nach Osten reichende Architektur des Erweiterungsbaus dem chaotischen Gebäudeensemble der Umgebung eine gewisse städtebauliche Einordnung. Daß die architektonische Gestalt für die Darstellung der jüdischen Geschichte in Berlin zugleich mithilft, das zerstörte Berlin wieder etwas in Ordnung zu bringen, ist Programm: nach außen und nach innen. Dieses Projekt ist für Berlin so überaus wichtig, daß sich Abgeordnetenhaus und Senat darauf verständigt haben, den Bau trotz der krisenhaften Finanzlage Berlins jetzt zu beginnen und ohne Zögern zu beenden. Gerade in Zeiten knappen Geldes müssen Prioritäten gesetzt werden. Ein Bauwerk, das ebenso der Vergangenheit wie der Zukunft verpflichtet ist, gehört gerade dann zu den unverzichtbaren Bauvorhaben.

Ulrich Roloff-Momin
Senator für Kulturelle Angelegenheiten

The time has finally come! In November 1992, the foundation stone for the new Jewish Museum will be laid. I am very pleased that great progress will thereby be made in the implementation of this project. To share in the responsibility of the monitoring of such a building project is – because of both the architectural significance and the concept – a welcome exception for a politician whose responsibility is for cultural matters. Daniel Libeskind's design fulfills the requirements of the Berlin Museum, in particular the Jewish Museum Department, in accordance with the »integrative model« formulated by the Berlin Museum. This resulted in a building design pervaded by the content. The content and the building match and enhance one another. The Jewish Department in the Berlin Museum is, on the one hand, a part of the whole, on the other hand it is a »museum within a museum«. The visitor to the Berlin Museum will also come across the history of the Berlin Jews outside the Jewish Department, and the person who visits only the Jewish Department wil inevitably be confronted with the history of the city as a whole. The unusual form of Libeskind's extension which, although it comes close to the baroque building in some places, but is not connected with it above ground, is clear evidence of the different building periods. At the same time, the architecture of this extension which reaches far into the east enables a certain architectural order to be brought into the chaotic neighbouring ensemble of buildings. That the architectural form for the representation of the Jewish history helps at the same time to restore some order to the ruined Berlin, belongs to the programme: outwardly and inwardly. This project is so very important for Berlin that the House of Representatives and the Senat agreed to commence building now, in spite of Berlin's critical budget situation, and to complete it without delay. It is especially in times when money is scarce that priorities must be set. It is then that a building which must serve both the past and the future is an indispensable project.

Ulrich Roloff-Momin
Senator for Cultural Affairs

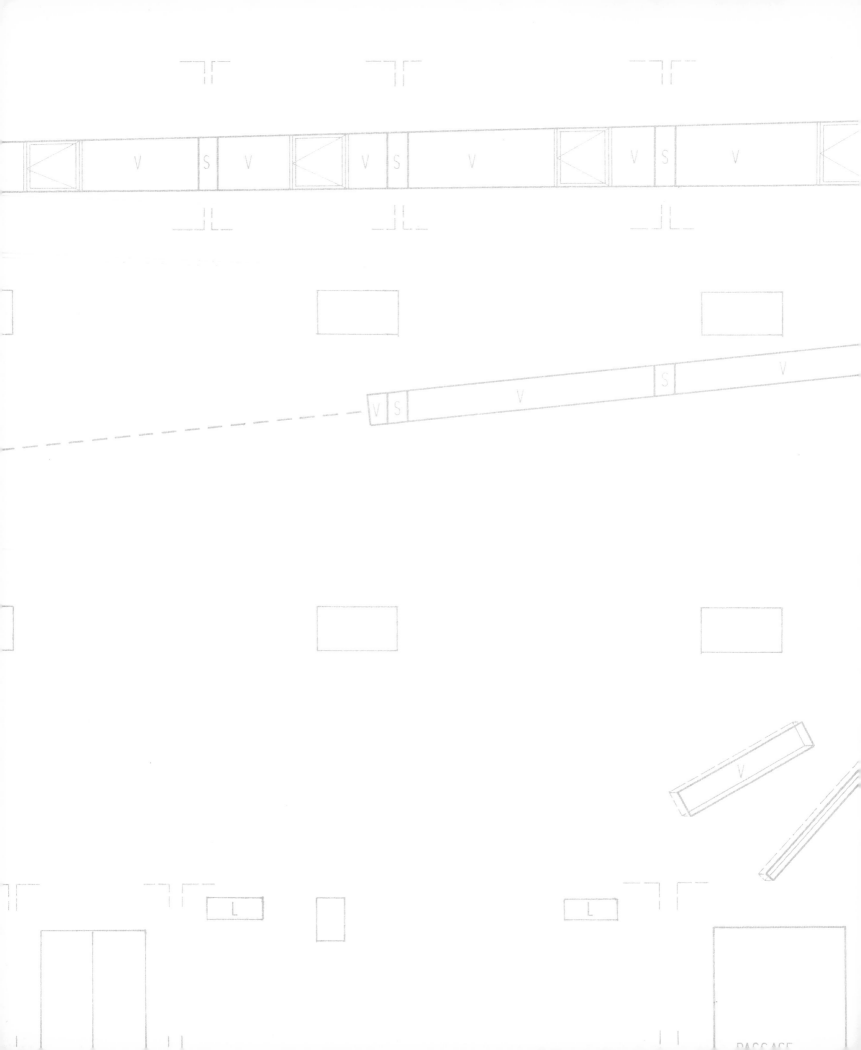

»Der mit Himmeln geheizte
Feuerriss durch die Welt.«
Paul Celan[2]

Die Gefahr ihrer Zerstörung ist so alt wie die Stadt selbst und bedroht sie und ihre Zukunft seit eh und je. In ihren frühesten Anfängen weckte die Stadt Hoffnungen auf eine neue Wohnstätte, die alle im Mantel ihres Schutzes versammeln würde; als Refugium versprach sie nicht nur physischen Schutz, sondern auch soziale Zuflucht. Wenn Städte verwüstet werden, dann ist die Gesellschaft als Ganzes, nicht nur das Leben Einzelner bedroht. Als Zufluchtsort derjenigen, die sie erbaut haben, bestimmt die Stadt zugleich das Schicksal ihrer Bewohner, zieht aber gleichzeitig die Angriffe anderer auf sich.

Seit den Anfängen ihrer Geschichte gehören Stadtgründungen und Stadtverwüstungen zu den Schicksalsdaten eines Volkes, ob es sich dabei um die Gründungen von Rom und Washington, um die Feuersbrünste von Sodom und Troja, um das Bombenfeuer von Dresden, oder um den Zerfall einstiger Städte in der Wüste und im Dschungel handelt. Hitlers hysterischer Ruf nach »Ausradierung« feindlicher Städte fand sein Echo in der Bombardierung zahlloser deutscher Ansiedlungen. Die Luftangriffe ergossen ihren Phosphorregen auf die Städte und verschlangen sie in einem Feuersturm, der schrecklichste Prophezeiungen erfüllte, noch ehe die Auslöschung ganzer Städte durch Atombomben die Apokalypse zur Gegenwart machte.

In unserem Jahrhundert erleben die Städte noch eine andere Art des Sterbens, das sie infolge ihres historischen Alters zum Opfer von Parasiten und schleichendem Zerfall macht, nicht nur zur Zielscheibe von Waffengewalt. Die ursprüngliche Rolle der Stadt als Zufluchtsort, der stets einen unerläßlichen Hort in sich barg, machte allmählich einem ruinösen Zustand Platz, der ihre Tempel veröden und ihre Bezirke ausufern läßt. Die historische Stadt verdankte einst ihren Ruhm der unbezwingbaren Stärke ihrer Befestigungen und dem fabelhaften Reichtum ihrer Bürger, obwohl ihr beides erst durch Handel und Wandel zukam. Heute dagegen wühlen meist Wandel und Verkehr modernster Sorte die Städte auf und zwingen viele ihrer Bewohner, in einem Wrack der Ver-

»Der mit Himmeln geheizte
Feuerriss durch die Welt.«
Paul Celan[2]

The threat of destruction is as old as the city itself, fatefully hanging forever over its very existence as well as its future. Since its earliest manifestations, the city held out the promise of a new kind of dwelling place capable of receiving and gathering all under its protection; it offered a *refugium,* shelter of a social rather than merely physical kind. When the city suffers devastation, its destruction threatens the very life of society, not only the existence of its inhabitants. As a *refugium* harboring the life of the society that produced it, the city is also uniquely exposed to the destiny of that society and hence a likely target of destruction.

From remote antiquity to our times, the sacking and founding of cities have been events of portent and fate in the life of a people, be they the conflagration of Sodom, Troy, or Dresden, the foundation of Rome or Washington, or the gradual surrender of cities to the desert or their submersion in the jungle. Hitler's hysterical call for the erasure of enemy cities was echoed in the destruction of countless German towns by aerial bombardment. Phosphorus rain falling from the sky and the devastation of the city by firestorm made a terrifying reality of prophecy, even before the annihilation of cities in a single atomic burst collapsed their apocalyptic destiny fully into history.

Our century witnesses another kind of urban death, a phase of extreme historic age that leaves its body prey to parasites and abandoned to a slow decay rather than ravished by force of arms. The city's original purpose as a refuge, duly centered on the presence of a sanctuary, has begun to yield to a state of permanent ruin, its temples despoiled and its limbs bloated. The historic city drew its fame from impregnable strength and hallowed riches, these stores having come to it only by exchange and traffic. Today, more often than not, it is traffic of every modern sort that has ransacked the city and left many of its inhabitants

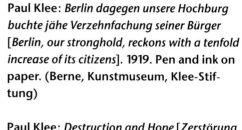

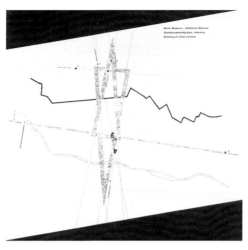

Paul Klee: *Berlin dagegen unsere Hochburg buchte jähe Verzehnfachung seiner Bürger* [*Berlin, our stronghold, reckons with a tenfold increase of its citizens*]. 1919. Pen and ink on paper. (Berne, Kunstmuseum, Klee-Stiftung)

Paul Klee: *Destruction and Hope* [*Zerstörung und Hoffnung*]. 1916. Lithograph printed in black, with watercolour. (New York, The Museum of Modern Art)

Daniel Libeskind: *Berlin – The Jewish Museum*, Symbolic siteplan. 1989.

Paul Klee: *Betroffener Ort* [*Stricken Site*]. 1922. Pen and watercolour. (Berne, Kunstmuseum, Klee-Stiftung)

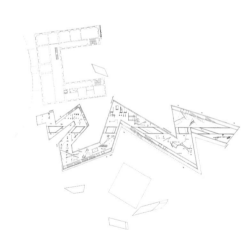

Paul Klee: *Die biblische Schlange kurz nach dem Fluch* [*The Biblical Snake Shortly After Condemnation*]. 1940. Brush and poster colour. (Lucerne, Collection A. Rosengart)

Daniel Libeskind: *Plan of The Jewish Museum*.

gangenheit zu leben. Während zahlreiche Städte derart einem Zustand des permanenten Zerfalls entgegentreiben, durchbraust sie – unter dem Boden, durch Straßen, über Viadukte und selbst durch die Luft – der Verkehr und hüllt sie in eine Atmosphäre der Erregung und des Lärms. Die ursprüngliche Rolle der Stadt als Ort des Austausches droht sie heute zu überwältigen und im täglichen Hin-und-Her von Millionen von Menschen zum Wrack ihrer selbst zu verschleißen. Die Stadt trägt also den Samen ihres eigenen Untergangs wie eine reifende Frucht, die ihrem Ende entgegenmeditiert, in sich: Nur ihre Heimsuchungen und Heilmittel ändern sich, nicht die Bedingungen ihrer Existenz. Als Ort, der alles in seinen Bann zieht, bleibt die Stadt zugleich ein unersetzliches Zentrum und eine ihrem Untergang geweihte Feste.

Mitten im Ersten Weltkrieg zeichnete Paul Klee den *Ort der Zerstörung und Hoffnung* (Abb. 2), oder, wie er das Blatt anfänglich betitelt hatte, *Ruinen und Hoffnungen*, in Form geschwungener und starrer Linien, die zwischen zwei Sternen aufeinanderprallen.[2] Als Daniel Libeskind die Lage des neuen Jüdischen Museums in Berlin (Abb. 3) darstellen wollte, begnügte er sich nicht mit einer rein geographischen Lokalisierung sondern zeichnete sie in eine Topographie des Unsichtbaren ein. Aus den Namen und Berliner Wohnorten von Heinrich von Kleist, Rahel Varnhagen, Heinrich Heine, Mies van der Rohe und anderen spann er ein Netz von Verbindungen und ließ sie im verzerrten Umriß eines Davidsterns, gleich einem anamorphotischen Schatten, als Mahnzeichen über die Stadt fallen. Libeskind vergrößerte Klees *Unstern,* der über einer Stätte der Zerstörung steht, zum *desastre,* und bezeichnete das Museum als jähen Riß, oder als Blitz, dessen Einschlag die Umrißlinien der Stadt erheben läßt. Auch Klee hatte bereits mit dunklen Pfeilen die Kräfte dargestellt, die einen Ort bedrohen (Abb. 4).[3] Mächtige Keile treffen da auf verbogene oder verschachtelte Formen, deren Gestalten ebenfalls auf Zeichen reduziert und vornehmlich in den letzten Lebensjahren mit dem Pinsel ausgeführt wurden. In einer späten Zeichnung griff Klee mit dem Pfeilblitz, der einer konventionellen Wolkenform entfährt, nicht nur auf eine mittelalterliche Zeichenformel für die göttliche Macht

stranded amid the wreckage of its past. While many cities stand ravaged and in ruin, traffic – rattling underground, roaring through streets, shuttling over viaducts, and even filling the air overhead – engulfs them in a state of mechanical agitation and noise. The city's original purpose as a place of exchange has begun to overwhelm it, draining its life and driving millions into a daily to-and-fro that threatens to leave only a stark carcass of its former self behind (fig. 1). The city, then, holds the seed of its own destruction deep within itself like a ripening fruit, meditating on its demise: only the ravages and remedies change, not the condition of its existence. As a place to which everything gravitates, it is at once an impregnable center and pregnant with its own destruction.

In the midst of World War I, Paul Klee drew the site of *Destruction and Hope* (fig. 2), or, as he had earlier titled it, *Ruins and Hopes,* in the form of twisted and colliding lines suspended between two huge stars.[3] When Daniel Libeskind plotted the placement of the Jewish Museum in Berlin (fig. 3), he was not content with a map of its location in the city, but inscribed its site instead into an invisible topography. Names of individuals and their places of residence – Heinrich von Kleist, Rahel Varnhagen, Heinrich Heine, Mies van der Rohe, and others – trace a net of connecting lines and collude in forming a Star of David which casts its distorted shadow – an anamorphosis of its signum – across the city of Berlin. Libeskind enlarges Klee's *Unstern* hovering above the site of destruction into the cypher of a *desastre,* and he marks the museum as a jagged crack, a bolt igniting the wiry lines crisscrossing the city. Klee, too, had repeatedly drawn dark arrows impinging upon threatened localities (fig. 4).[4] His heavy bolts often meet twisted and jagged shapes, their forms reduced to minimal signs of their significance, just as he laid them on with a brush in a drawing from the last year of his life. Not only does the arrow issue from the barest indication of a cloud, recalling its divine but unfathomable origin, but Klee's unusually explicit title adds precision to the symbolism of its forms: *The Biblical Snake*

19

zurück, sein ungewöhnlich eindeutiger Bildtitel *Die biblische Schlange kurz nach dem Fluch* (Abb. 5) bestätigt den Zusammenhang ausdrücklich. Klees strafender Blitzschlag berührt aber die Schlange nicht, sondern verharrt als drohendes Zeichen im Zustand absoluter Antinomie, während Libeskind in der Chiffre seines Museums die Formen von Blitz und Schlange vereint durch das Gelände zucken läßt.

Dieser chiffrehafte Umriß des Berlin Museums (Abb. 6) geht auf ein früheres Werk Libeskinds zurück, das er 1988 (Abb. 7) in Genf erstellt und als *Feuerlinie* betitelt hatte. Sein zackig abgewinkeltes Volumen wird ebenfalls von einem geradlinigen engen Schlitz durchschnitten. Dieser Einschnitt zieht sogleich die Aufmerksamkeit auf sich, verweigert aber Anblick und Entzifferung seiner verborgenen Inschriften. Ähnlich wird Libeskind an den Wänden eines langen, geraden Korridors im Berlin Museum die Namen der Deportierten und Ermordeten eingraben lassen, so daß sie in stummer Anklage den Besucher zugleich anflehen und anstarren werden. Aber dieser Zusammenhang mit der *Feuerlinie* reicht noch tiefer in das Berlin Museum hinein, als dieser erste Vergleich vermuten ließe, eilt aber auch unserer Betrachtung von Libeskinds Bau voraus.

In seiner ursprünglichen Form, wie der Architekt sie erstmals für sein Wettbewerbsprojekt 1989 formuliert hatte, bestand das Museum aus einem zickzackförmigen Baukörper, der sich, ähnlich einer gestauchten Feder, von der Straßenseite her gegen Osten entspannt und dabei zunehmend schlagseitig wird. So entstand der Eindruck einer gebőschten Bastion (Abb. 8), als hätten Kräfte geologischen Ausmaßes die Baumasse aus der sandigen Umgebung gehievt und über ihrem Grundriß verworfen. Die Gewalt einer solchen Verwerfung verändert die Erdoberfläche und hebt ihre tieferen Schichten ans Licht. In den Bergen, wo das Gestein in geologischen Zeitläufen erstarrt und entblößt ist, öffnet sich die Erdgeschichte wie ein Buch: »Es hat sich die Erde gefaltet hier oben, hat sich gefaltet einmal und zweimal und dreimal, und hat sich aufgetan in der Mitte ...« »... und die Falten dort, du weißt, nicht für die Menschen sind sie da und nicht für uns, die wir hier gingen und einander trafen, wir hier unterm Stern, wir, die Juden, die da kamen, wie Lenz, durchs Gebirg ...«[4] Der

Shortly After Condemnation (fig. 5). The punishing thunderbolt does not touch the shape of the snake in Klee's drawing. The two remain fixed in a state of total antinomy, but the cypher of Libeskind's Museum appears as bolt and snake in one, zigzagging across a vacant site.

In its cypher-like state, the idea for the Museum (fig. 6) descends directly from an earlier work of Libeskind's, the *Line of Fire,* created in 1988 (fig. 7), whose jagged body is similarly bisected by a straight cut. This gap solicits attention but withholds its scripts from view within a narrow slot. Likewise, along the straight corridor space of the Berlin Museum, Libeskind plans to inscribe on the walls the names of all the deported and murdered, a silent litany at once beseeching and stonewalling the visitor. But this specific connection between *Line of Fire* and the Berlin Museum project cuts deeper than the phenomenon it describes, and carries us ahead of the proper consideration of the Museum's initial shape.

In its early formulation, as an entry in the competition of 1989, its zigzagging single wing not only expanded from close compression near the streetfront toward the east, but also leaned dramatically, evoking a similarity with scarped bastions (fig. 8). A thrust of almost geological proportions would have heaved these masses onto the flats of the surrounding terrain and thereby inclined them over the jagged outlines of their footprint. The force of such displacements alters the earth itself and brings its deeper layers to the surface. In the mountains, cooled by age and exposure, the crust of the earth opens like a book: »Es hat sich die Erde gefaltet hier oben, hat sich gefaltet einmal und zweimal und dreimal, und hat sich aufgetan in der Mitte ...« »... und die Falten dort, du weißt, nicht für die Menschen sind sie da und nicht für uns, die wir hier gingen und einander trafen, wir hier unterm Stern, wir, die Juden, die da kamen, wie Lenz, durchs Gebirg ...«[5] The folio of the earth, folded, refolded, and guttered by immense mechanics, opens as a book written in the matter of creation itself; the faults and folds of Libeskind's Museum relate to natural history only like a tatoo to

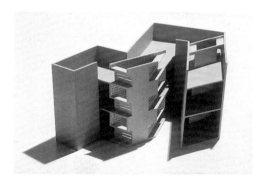

Daniel Libeskind: *Line of Fire.* 1988.

Daniel Libeskind: *The Jewish Museum,* View of the model from southeast. 1989.

Daniel Libeskind: *The Jewish Museum,* View of section of the model. 1989.

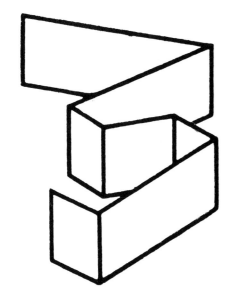

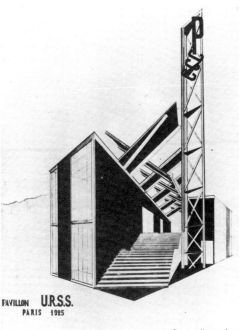

PAVILLON U.R.S.S.
PARIS 1925

CONSTANTIN MELNIKOFF ARCHIT

Jakob G. Tschernichow: Study of a multiple fold, from *Die Grundlagen der modernen Architektur: Erfahrungsmäßige experimentelle Forschungen.* 1930.

Konstantin Mel'nikov: *Final Design for the Soviet Pavilion* at the Paris Exhibition of Decorative and Industrial Arts. 1925.

Foliant der Erde, gefaltet, zerblättert und ausgekerbt durch ihre gigantische Mechanik, schlägt das Buch der Schöpfung selbst auf; die Falten und Verwerfungen von Daniel Libeskinds Museum aber verhalten sich zur Naturgeschichte nur wie eine Tätowierung zur Haut, schmerzlicher Eindruck unsinniger Ereignisse, der sich dem Gedächtnis der Überlebenden aufprägt.

Im Ausführungsprojekt von 1992 hat das Museum aber jede offenkundige Symbolik – sei sie nun geologischer, historischer oder architektonischer Art – abgestreift und tritt uns auf selbstverständliche und doch geheimnisvolle Weise entgegen. Als zickzackförmiger Flügel entzieht sich der Erweiterungsbau der Übersicht des Betrachters, denn von keinem irdischen Standpunkt aus überblickt man ihn, immerzu steht er sich selbst im Wege, derweil ihn ein Korridor in ungebrochener Linie durchschneidet, ohne Einlaß zu gewähren (Abb. 9). Dieser Widerspruch zwischen einem freien Durchgang, der dem Gebäude äußerlich bleibt, und einem Gebäude, das in seiner Unzugänglichkeit und Unübersichtlichkeit verharrt, entpuppt sich am Ende als Gleichheit, welche ihren geheimen Zweck in sich selbst verschlossen hält. Seine widersprüchlichen Teile verbinden sich wie die Elemente des caduceus, des Hermesstabes, um den sich Schlangen winden, oder wie das Kreuz und die eherne Schlange, die Moses in der Wüste zur Errettung seines Volkes errichten ließ. Die schier endlose Namensliste von Berliner Juden, die aus der Stadt vertrieben wurden, und die hieroglyphischen Einschnitte in den zinkverkleideten Baukörper leihen ihre stummen Stimmen allein der Erinnerung.

In seiner baulichen Erscheinung entstammt das Museum dem Repertoire frühmoderner Architektur, wie sie in den pädagogischen Übungen ihrer Pionierschulen geläufig war. So verdeutlichte etwa Jakob G. Tschernichow in seinen 1930 publizierten Grundlagen moderner Architektur[5], wie aus einer Serie geometrischer Elemente sich zunehmend vielfältigere Faltungen und Durchdringungen ergeben. Unter ihnen befindet sich auch ein Streifen, dessen plane Form unregelmäßig geknickt und zum Zickzack gefügt wird (Abb. 10). Im Jahre 1925 lud Konstantin Mel'nikows Sowjetischer Pavillon (Abb. 11) an der Pariser *Exposi-*

the skin, as a painful engraving of disembodied events on the memory of the living.

In the finished project, any obvious, if unintentional, symbolism – be it geological, historical, or architectural – has been rejected in favor of a building that possesses at once a familiar aplomb and quite mysterious dimensions. Since the building assumes the shape of a folded wing, it will never become fully visible from any vantage point on the ground, while an uninterrupted straight corridor traverses its body without giving access to it (fig. 9). The antinomy – which, in this instance, is also a homology – between a passage that remains external to the building and a building that is neither fully accessible nor revealed to view, locks a secret purpose into the museum. Its opposing parts combine the hermetic elements of the *caduceus*, the staff of Hermes which is formed of a straight rod and two coiling snakes, or the pole and serpent erected in the desert by Moses for the salvation of his people. The virtually endless roster of Berlin Jews who were driven from the city, and the zinc-clad body of the museum building itself, marked and perforated by a hieroglyphic series of incisions, lend silent voices to their memory.

In the terms of its physical shape, the Museum wing seems to emerge straight from the fundamental exercises devised and codified in early modern schools of architecture and design. Jakob G. Tschernichow's *Foundations of Modern Architecture*, published in Leningrad in 1930,[6] is illustrated with a suite of figures which progress from elementarist geometry to composite and intercalated shapes. Among them is a single strip that initiates the concept of a continuous plane that has been compressed into zigzagging folds (fig. 10). In the mid-1920s, Konstantin Mel'nikov's Soviet Pavilion (fig. 11) at the Paris *Exhibition of Decorative and Industrial Arts* proposed one of the earliest examples of a building that visitors could pass through without actually entering, as they ascended a stepped diagonal passage under dramatically pivoting roof panels. Bauhaus colleagues Paul Klee (fig. 12) and Wassily Kandinsky (fig. 13) often painted

tion des arts décoratifs et industriels die Besucher zum Durchschreiten eines Gebäudes ein, ohne sie dabei in sein Inneres zu führen; stattdessen überquerten sie es über einen diagonalen Treppenkorridor unter dramatisch angewinkelten Dachpanelen. Die Bauhausmeister Paul Klee (Abb. 12) und Wassily Kandinsky (Abb. 13) malten ganze Serien von Bildern, die ihre gefalteten Farbstreifen dem Papier- oder Leinwandgrund vielschichtig entgegenstellen. Durch wiederholte Überlagerungen verdichtet sich die illusionistische Transparenz ihrer Schichten und kippt so stets hin und her zwischen linearem Umriß und dreidimensionaler Ausdehnung. Eine ähnlich vielschichtige Oberfläche, genarbt von winkligen Einschnitten, wird den Gebäudekörper des Museums umfangen, als wäre er in wiederverwendetes Schrottmetall gekleidet worden . Verzinkte Platten werden den Bau eng wie eine Schlangenhaut umfangen, und ihr unsteter, matter Glanz wird nicht nur die Erinnerung an die Berliner Tradition der Zinkblechverdachung heraufbeschwören, die für die Verwendung des Metalls eigentlich verantwortlich war: Der dräuende Glanz seiner schuppigen Metallhaut wird dem Neubau, der sich aus dem Garten an das bestehende Berlin Museum heranschlängelt, zwingendere Assoziationen verleihen.

Die Stadt Berlin ist getroffen wie von einem Blitzschlag, der ihren Boden verbrennt und ihre Bestimmung verändert. Der neue Bau erscheint auf dem verödeten Gelände wie eine abgestreifte Haut, die völlig intakt, aber ohne das Lebewesen, das sie einst umfing, zurückgeblieben ist. Das Ereignis erinnert an ein Sinnbild[6] aus dem Jahr 1784, in welchem ein Blitzschlag die Nacht der Geschichte erhellt und die Embleme der Vergangenheit und der Ungerechtigkeit verbrennt, während Adam der Haue, die ihn seit dem Sündenfall versklavte, jetzt mit eigener Hand die Rechte des Menschen entgegenhält (Abb. 14). 1940 schloß Paul Klee (Abb. 5) die Figur Adams ganz aus seiner Darstellung aus und stellte allein die Chiffren der göttlichen Strafe und des Bösen einander gegenüber. Ein gutes halbes Jahrhundert später wird Daniel Libeskinds Museum den Ort besetzen, wo der Blitz einschlug und wo die Haut der Schlange zurückgeblieben ist. In ihr sind jene Zeiten vernarbt, als die Urteile

such folded planes, preferably treated in a variety of striations whose linear properties acutely engage the field of paper or canvas upon which they impose themselves. Layered with lines upon lines, these paintings fold and compress their shapes into imaginary depths and constantly shift back and forth between their illusory strata. Such layered surfaces, scuffed with a spiky web of markings, will enfold the volume of the museum as if to hold it under wraps .

Galvanized sheet metal will clad the entire building like scales; its mat luster will carry more than a vague reminiscence of the local roofing tradition that initially suggested the material: The sheen of a scaly building zigzagging toward the garden of the existing Berlin Museum possesses more powerful associations.

The city of Berlin is sundered by the bolt that struck it, scorched the ground, and reversed its fate. The new building on this devastated site appears as a metallic slough, a mere skin with all its folds intact but deprived of the living body it once enclosed. In 1794, an icon for the declaration of the universal *droits de l'homme*[7] (fig. 14) shatters the night of history with a thunderbolt that scorches the emblems of the past and its injustice, while Adam counterbalances the hoe to which the Fall enslaved him with the document of his emancipation, which allows him to take history into his own hands. In 1940, Paul Klee (fig. 5) left Adam out of his picture altogether and pitted the cypher of divine punishment against the agent of evil. Half a century later, Daniel Libeskind's Museum will mark the spot where lightning struck and where the skin of the serpent remains. Engraved on it is the record of a time when only the verdicts of enslavement and death were read, for the darkest night had fallen over the claims of emancipation and universal rights.

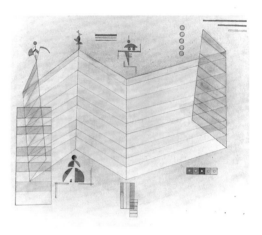

Paul Klee: *Transparent-perspectival* [*Transparent-perspektivisch*]. 1921. Pen and watercolour. (Berne, Estate of Felix Klee)

Wassily Kandinsky: *Now Upwards!* [*Jetzt Auf!*]. 1931. Pen and watercolour. (New York, The Solomon R. Guggenheim Museum, The Hilla von Rebay Foundation)

Notes

1 For the designation of the cosmic urmonster Uoroboros, both chasm of the universe and dragon in the sky, see Francis Huxley, *The Dragon*, London, 1979, p. 88.

Jacques Louis Perée: *The Renewal of Mankind* [*Les droits de l'homme*]. 1794. Aquatint etching. (Paris, Bibliothèque Nationale)

der Versklavung und Vernichtung verlesen wurden und dunkelste Nacht jeden Gedanken an die Rechte der Menschheit verhüllte hatte.

Anmerkungen

1 Zur Kennzeichnung des kosmischen Ur-Monstrums Uoroborus – zugleich Schisma des Universums und Himmelsdrachen – siehe Francis Huxley, *The Dragon*, London, 1979, S. 88.
2 Aus dem Gedichtband *Atemwende* von 1967, abgedruckt in: Paul Celan, *Gedichte*, Frankfurt a.M., 1975, II, S. 101.
3 Vgl. zu den »›Crystalline‹ Images of 1915«, O. Karl Werckmeister, *The Making of Paul Klee's Career, 1914–1920*, University of Chicago Press, Chicago & London, 1989, S. 51 bis 56, und vom gleichen Autor, *Versuche über Paul Klee*, Frankfurt a.M., 1981, S. 41ff.
4 Vgl. z.B. Klees *Ansicht der schwer bedrohten Stadt* von 1915, *Berlin dagegen unsere Hochburg buchte jähe Verzehnfachung seiner Bürger* von 1919, und *Betroffener Ort* von 1922 (Bern, Kunstmuseum, Klee-Stiftung).
5 Paul Celan, »Gespräch im Gebirg«, geschrieben im August 1959 und erstmals publiziert in: *Die Neue Rundschau*, 71 (1960), 2, S. 200,202. Ich danke Frau Ann Steinsapir für ihre Hilfe bei der Abklärung bibliographischer Fragen.
6 Jakob G. Tschernichow, *Die Grundlagen der modernen Architektur: Erfahrungsmäßige experimentelle Forschungen*, Leningrad: Verlag des Leningrader Architekten-Vereins, 1930. Tschernichow argumentierte, daß eine direkte Verbindung zwischen elementaren stereometrischen Abwandlungen und seiner imaginären Architektur bestünde.
7 Ich bin Herrn Dr. Michael Diers, Hamburg, für Auskünfte zu diesem Stich verpflichtet.

2 From the volume *Atemwende* of 1967, reprinted in Paul Celan, *Gedichte*, Frankfurt a.M., 1975, II, 101.
3 For the »›Crystalline‹ Images of 1915«, see O. Karl Werckmeister, The *Making of Paul Klee's Career, 1914–1920*, University of Chicago Press, Chicago & London, 1989, pp. 51–56, and the same author's *Versuche über Paul Klee*, Frankfurt a.M., 1981, p. 41 ff.
4 Compare e.g. Klee's *Ansicht der schwer bedrohten Stadt*, of 1915, *Berlin dagegen unsere Hochburg buchte jähe Verzehnfachung seiner Bürger*, of 1919, and *Betroffener Ort*, of 1922 (Bern, Kunstmuseum, Klee-Stiftung).
5 Paul Celan, »Gespräch im Gebirg,« written in August 1959 and first published in: *Die Neue Rundschau* 71 (1960), 2, pp. 200, 202. »The earth has folded itself up here, folded itself once, and twice, and thrice, and has opened itself up in the middle ...« »... and the faults there, you know, not for man are they there, and not for us, we who went here and encountered one another under the Star, we, the Jews, who came, like Lenz, across the mountains ...« I am grateful to Ann Steinsapir for tracking down the original locus of Celan's text, and to Denise L. Bratton for help with the translation.
6 Jakob G. Tschernichow, *Die Grundlagen der modernen Architektur: Erfahrungsmäßige experimentelle Forschungen*, Leningrad: Verlag des Leningrader Architekten-Vereins, 1930. Tschernichow argued for a direct connection between elementary stereometric operations and his imaginary architecture.
7 I am obliged to Dr. Michael Diers for information about this image.

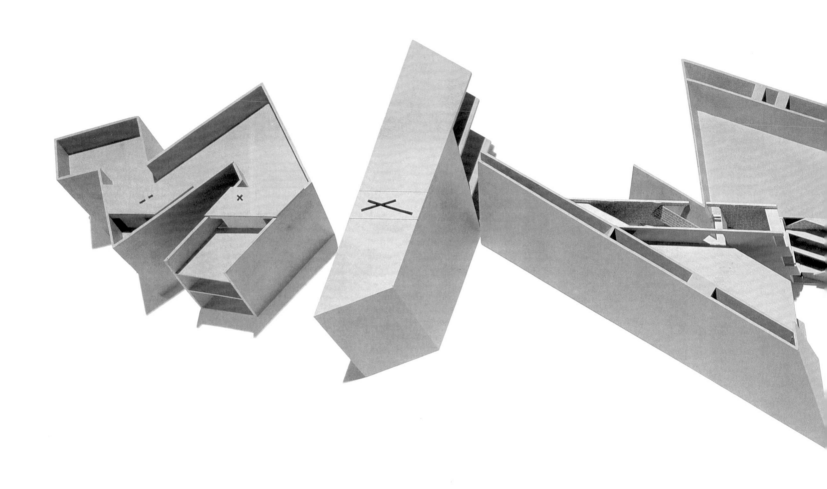

Vera Bendt

DAS INTEGRATIONSMODELL
THE MODEL OF INTEGRATION

»Dies ist das schwierigste Museumsprojekt, das ich mir überhaupt vorstellen kann. Es ist schwierig und muß es auch bleiben, denn die Geschichte hat uns mit dieser Schwierigkeit zurückgelassen. Würde es je leicht werden, hätte es seine Bedeutung verloren.«
(Kommentar der Direktorin des Museums der Yeshiva-Universität beim Jahrestreffen amerikanischer jüdischer Museen und Holocaust-Centers in Berlin am 14. Januar 1992)

Nach der Entscheidung des Wettbewerbs zur Erweiterung des Berlin Museums mit der Abteilung Jüdisches Museum, also nach der Vergabe des 1. Preises an Daniel Libeskind und der Jury-Empfehlung, den Plänen des preisgekrönten Architekten zu folgen und sein Projekt zu bauen, ist zu fragen, was die Integration eines Jüdischen Museums in das stadthistorische Museum eigentlich bedeutet. Libeskind, geb. 1946 in Lodz, liefert mit seiner Architektur nicht nur einen Baukörper, sondern ein Rahmenkonzept für den Inhalt. Seine philosophische Umschreibung der Architektur hat viele begeistert und viele Kritiker gefunden. Daß Architektur zum »Bedeutungsträger von Geschichte« (Rolf Bothe) wird, halten viele bezüglich der Darstellung jüdischer Geschichte für durchaus angemessen.
Das Konzept, das der Architektursprache Libeskinds zugrundeliegt, definiert Integration nicht ausschließlich nur als positiven Faktor. Die Leere gehört heute zur Geschichte Berlins, ebenso wie vor 1933 trotz sozialer und politischer Probleme durch die Anwesenheit von Juden die Stadt ein Ganzes, Geschichte eine Ganzheit war. Nicht der Verlust einer großen Zahl von Menschen, hervorgerufen durch Emigration, Vertreibung und Verschleppung mit anschließender Ermordung, hat die Leere verursacht, sondern der Verlust an Substanz: der Verlust jeglicher Moral, jeglichen auf den Werten des christlich-humanistischen Staatsideals beruhenden Anstandes und der Verlust an wahrer emanzipatorischer Kraft. Leere, begriffen als Verlust, ist nicht Abwanderung von Wissenschaftlern durch Emigration, Reduzierung der Bevölkerung durch Eliminierung (»judenfrei, judenrein«), Wertverlust durch brennende Synagogen, Bibliotheken, verschollene Kunstobjekte, sondern das, was nach dem Vollzug von alledem zurückblieb. Die Motivation und

»This is the most difficult project for a museum that I can imagine. It is difficult and must remain that way because history has left us with this difficulty. If it ever became easy it would lose its meaning.«
(Comment made by the director of the Yeshiva University Museum, New York, at the annual meeting of American Jewish museums and Holocaust centers in Berlin on January 14th, 1992)

After the result of the competition for the extension of the Berlin Museum and its Jewish Museum department, that is to say after the awarding of the first prize to Daniel Libeskind and the jury's recommendation that the prize-winning architect's plan should be followed and his building constructed, one should ask what the integration of a Jewish Museum into the municipal historic museum really means. Libeskind, born in 1946 in Lodz, delivers with his design not only the structure of a building but also a spatial concept for its contents. His philosophical description of the architecture has impressed many and has found many critics. The idea that architecture can become »representative of historical meaning« (Rolf Bothe) is seen by many as thoroughly appropriate in connection with the presentation of Jewish history.
The concept which Libeskind takes as a basis for his architectural language does not define integration as an exclusively positive factor. The »void« as a component part today belongs to the history of Berlin, just as before 1933, despite social and political problems, the presence of Jews made the city complete and gave history unity. It was not the loss of a large number of human beings, caused by emigration, expulsion and abduction culminating in murder, which gave rise to the void, but the loss of substance: the loss of any morality, any propriety based on the values of the Christian-Humanist ideals of the state and the loss of a truly emancipatory strength. Void viewed as loss does not consist of the departure of scientists through emigration, reduction of the population through elimination (»free of Jews, clear of Jews«), loss of valuable belongings from burned-down

die Kraft zur Zerstörung kamen aus dem Innern, aus dem eigenen Selbst, waren nicht die notwendige Folge von Außenfaktoren wie Krieg, Hungersnot oder »Katastrophen«.

Leere ist demnach das Fehlen der Erkenntnis, daß der Zusammenbruch des bürgerlichen Wertesystems die eigentliche Ursache für den Sieg der auf Funktionalismus beruhenden NS-Ideologie war und daß der Zusammenbruch des NS-Staates nicht die Folge des eigenen inneren Widerstandes gegen Gewaltherrschaft und hemmungslose Machtausübung, sondern die Folge eines von außen kommenden Kampfes gegen die Hitler-Diktatur war.

Die fragmentierte Linie, von Libeskind als leere Raumteile in dem kompakten Museumsgebäude gebaut, symbolisiert das »gebrochene Rückgrat« einer Gesellschaft. Das void ist selbst das Symbol, d.h. der notwendig unvollkommene Versuch, den Zustand einer Geschichte nach dem Holocaust in einer Architekturformensprache deutlich zu machen. Das »sichtbar Jüdische« erscheint, nach bisherigen Überlegungen zur Museumskonzeption, in Form von Kultobjekten (Religion, Brauch, Gemeinde) und in definierbarer Eigenständigkeit. Libeskinds Bauprojekt macht nur allzu deutlich, daß jüdisches Denken nach dem Holocaust die auf deutsch-jüdischer Symbiose und Assimilation beruhende jüdische Lebenswelt neu interpretiert. Nicht altes Ghetto-Denken, sondern Neudefinition nach der erlebten Katastrophe ist hier bestimmend. Nur zur Verdeutlichung sei erwähnt, daß für nicht wenige Juden die Katastrophe gerade in der Assimilation begründet liegt und daß auch jüdisches Denken in diesem alles erschütternden Trauma der Geschichte nicht ohne Gegensätze ist.

Was ist Integration? Was ist Emanzipation? Kann jüdische Lebenserfahrung in ein Museumsprojekt übersetzt werden – wobei nicht nur der Bau, sondern auch die inhaltliche Konzeption, die Verinnerlichung der historischen Anormalität, die traumatische Erfahrung des überlebenden Teils der jüdischen Ganzheit Objekt der Bearbeitung sind? Objekte sind hingegen nicht Juden selbst, weder lebendig noch tot. Es ist die schwierigste Aufgabe, die sich kulturpolitisch denken läßt – auch noch ein halbes Jahrhundert nach 1945.

Integration kann nicht erzwungen werden. Es ist ein Akt der Selbstentäußerung, sich freiwil-

synagogues and libraries, vanished works of art, but that which was left after all this had been carried out. The motivation and the strength to destroy came from within, from the individual, and were not necessary consequences of external factors such as war, famine or »disasters«.

Void is therefore the dreadful recognition that the collapse of the middle-class value system was the real reason for the victory of the National Socialist ideology, based upon Functionalism, and that the collapse of the Nazi state was not the result of individual internal resistance to the rule of violence and the unscrupulous exercise of power, but instead was the result of a battle against Hitler's dictatorship coming from outside Germany.

The fragmented line, built according to Libeskind's design as empty spaces in the compact building of the museum, symbolises the »broken backbone« of a society. According to the architect's vision – and it is this vision which has since been followed by those responsible for the building – the »voids« should not contain anything: no function, but equally no symbolic emblems, no metaphors. The »void« is itself a symbol, i. e. the necessarily incomplete attempt to give a clear rendering of a history in the aftermath of the Holocaust in the language of architectural form. The »visibly Jewish« will appear, according to current considerations on the conception of the museum, in the form of cult objects (religion, custom and community) and in a definably autonomous section.

Libeskind's architectural project makes it all too clear that Jewish thought after the Holocaust re-interprets the Jewish world based upon German-Jewish symbiosis and assimilation. Here a redefinition after experiencing the catastrophe is the determining factor and not the old ghetto-mentality. It should be mentioned in clarification that for not a few Jews the assimilation is particularly central to the catastrophe and that in this all-shattering historical trauma Jewish thought is also not without its contradictions.

What is integration? What is emancipation? Can Jewish experiences of life be translated

lig und ohne Zwang dem Anspruch einer Mehrheit unterzuordnen. Diese Freiwilligkeit haben viele, wenn nicht die meisten Juden im Verlauf des 19. Jahrhunderts erbracht und damit einen Beitrag zur geistigen Erneuerung des Staates geleistet. Der unbedingte Glaube an die Kraft der Aufklärung hatte bei den deutschen Juden bis zur Hitler-Diktatur den Verlust einer Sensibilität zur Folge, die den osteuropäischen Juden noch eigen war. Ja, Hans Keilson, Psychoanalytiker aus Deutschland, nach 1933 emigriert, geht so weit zu sagen, daß dieser Verlust der Preis gewesen sei, den die deutschen Juden für ihren Glauben hätten zahlen müssen.

Mit den Vielen, den Anderen, den Fremden leben, ist im Europa des ausgehenden 20. Jahrhunderts nicht länger eine gefühlsbetonte Toleranzfrage, sondern eine Überlebensfrage. Integration als Nebeneinander, nicht als Über- oder Unterordnung unter den Machtanspruch der Elite, ist die Losung. Soweit Juden als historische Minderheit zu gelten haben, sollte die historische Erfahrung Impulse geben für die Bewältigung nicht länger von Vergangenheit, sondern von Zukunft.

into a museum project in which not only the building but also the concept applied to its contents, the internalisation of historical abnormality, the traumatic experience of the surviving part of the »Jewish entirety« become objects of the architect's treatment. Jews themselves, however, are not objects, whether living or dead. It is the most difficult task that can be imagined, culturally and politically – even half a century after 1945.

Integration cannot be enforced. It is an act of self-relinquishment to subordinate oneself, willingly and without compulsion, to the requirements of a majority. Many, if not most Jews in the course of the nineteenth century, produced this willingness and with it achieved a contribution to the intellectual renewal of the state. The unconditional faith in the power of enlightenment had, up until the Nazi dictatorship, led to the loss of a sensibility amongst the German Jews which the East European Jews still possessed. Hans Keilson, a pyschoanalyst from Germany who emigrated after 1933, even goes so far as to say that this loss was the price the German Jews had to pay for their faith.

To live with the many, the others, the strangers is no longer an emotive question of tolerance but one of survival in Europe at the end of the twentieth century. The solution is integration alongside one another, not supremacy or subordination to the demands of a powerful elite. In as far as Jews count as a historical minority the experience of history should provide impulses to cope not any more with the past, but with the future.

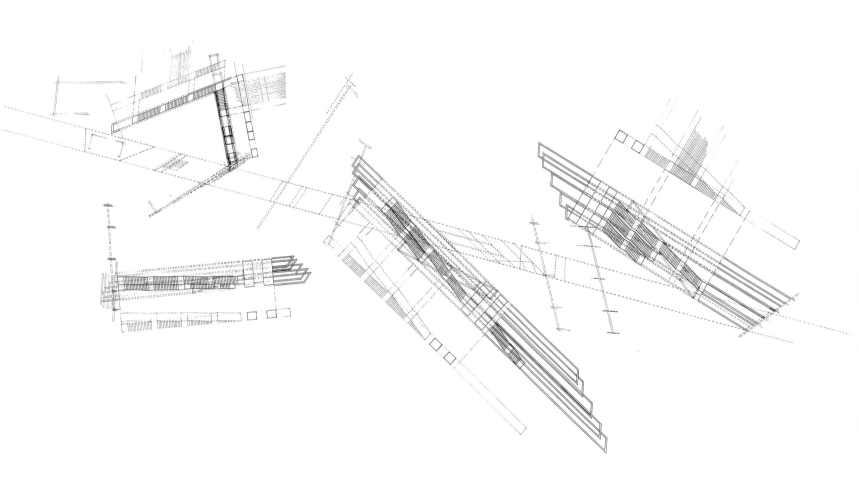

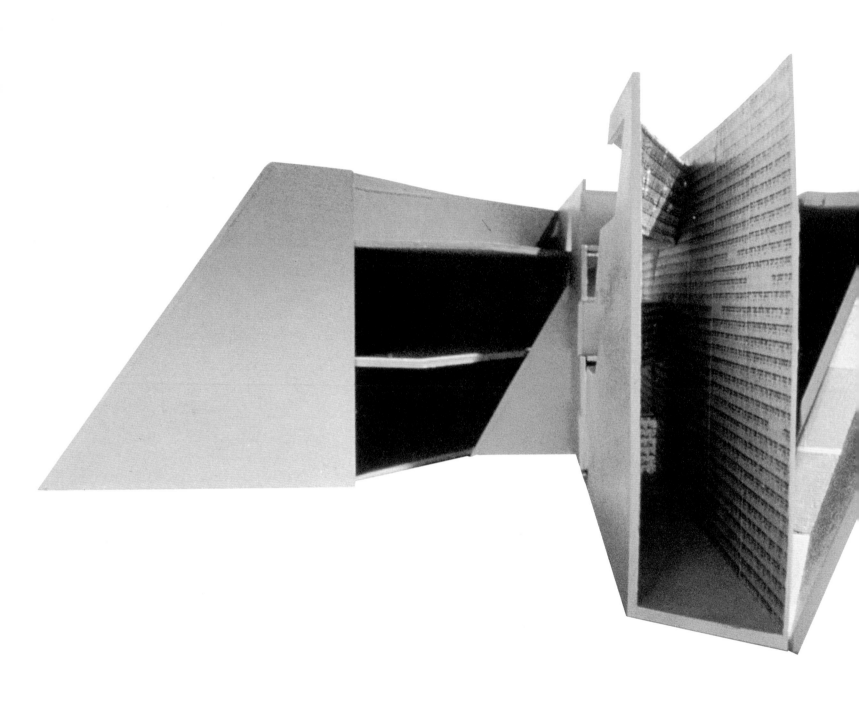

Das Berlin Museum hat in den fast 30 Jahren seines Bestehens eine Sammlung aufgebaut, die sich entsprechend den Ankaufsmöglichkeiten auf dem Kunstmarkt vorrangig auf die Kunst vom ausgehenden 18. Jahrhundert bis zur Gegenwart bezieht. Trotz dieser schwerpunktmäßigen Beschränkung auf die letzten drei Jahrhunderte ist die Sammlung in kurzer Zeit so angewachsen, daß schon in den 70er Jahren eine Erweiterung ins Auge gefaßt wurde. Einer der wichtigsten Gründe für die Forderung nach einem Neubau waren die berlinspezifischen Sonderabteilungen, besonders aber die Abteilung »Jüdisches Museum«. Zur Zeit präsentiert die Jüdische Abteilung ihre Sammlung in zwei örtlich voneinander getrennten Ausstellungsräumen, einmal im Erdgeschoß des Berlin Museums, zum anderen im Martin-Gropius-Bau. Die separaten Ausstellungsräume wurden eingerichtet, um die Sammlung trotz des unüberbrückbaren Platzmangels öffentlich zu zeigen.

Der Bestand der Jüdischen Abteilung umfaßt alle im Museum insgesamt vertretenen Sammlungsbereiche wie Kunstgewerbe, Gemälde, Archivalien und Fotos. Schwerpunkte der Sammlung sind Judaica, also Gegenstände des religiösen Brauches, und darüber hinaus die Werke von Berliner Künstlern, die sich mit jüdischen Themen auseinandergesetzt haben.

Die Planung für einen Erweiterungsbau

Der unbefriedigende Zustand der teilweise separat ausgestellten Jüdischen Abteilung, die Magazinierung der gesamten Theaterabteilung und die unerträgliche Raumnot im Berlin Museum führten im Dezember 1988 zur Ausschreibung eines Erweiterungsbaus. Im Frühjahr 1988 war auf einer Tagung im Aspen-Institut die inhaltliche Konzeption des Erweiterungsbaus vorgestellt und von einem international besetzten Komitee befürwortet worden. Der Neubau soll in den Schauräumen die Stadtgeschichte ab 1871 präsentieren, die Abteilung Jüdisches Museum enthalten sowie die Theaterabteilung und die Modesammlung aufnehmen. Kernpunkt aller Überlegungen war es, dem Jüdischen Museum dabei einerseits die notwendige Eigenständigkeit zuzusichern, es aber andererseits in die allgemeine

The Berlin Museum has, in the almost 30 years of its existence, built up a collection which, according to the opportunities offered by the art market, gives priority to art from the end of the eighteenth century to the present day. Despite this basic restriction to the last three centuries the collection grew in such a short space of time that even in the Seventies an extension was contemplated. One of the most important reasons for demanding a new building was the existence of various departments dealing specifically with the history of Berlin and the »Jewish Museum« department in particular. At the moment the Jewish collection is displayed in two exhibition halls in different areas of the city; one on the ground floor of the Berlin Museum and the other in the Martin-Gropius-Bau. The separate exhibition halls were arranged to enable the collection to be open to the public despite the insurmountable problem of lack of space.

The Jewish department takes in every area of collection dealt with by the museum as a whole, such as craftwork, paintings, records and photographs. The collection focuses mainly on Judaica, objects associated with religious tradition and additionally upon the works of Berlin artists who have examined Jewish themes.

The planning of an extension

The unsatisfactory condition whereby the Jewish department sometimes had to exhibit at separate locations and the entire theatrical department had to be put into storage, together with the unbearable shortage of space in the Berlin Museum led to the invitation of tenders for an extension in December 1988. In spring 1988 the conception for the extension was presented at a conference at the Aspen-Institut and was approved by an international committee. The exhibition rooms of the new building should present the history of the city, contain the Jewish department as well as taking on the theatrical department and the collection of fashion. The wish to ensure on the one hand that the Jewish department

Berlingeschichte zu integrieren. Die von seiten des Museums formulierte Konzeption wurde in den Text der Ausschreibung aufgenommen. Darin heißt es unter anderem: »Ein jüdisches Museum in einer deutschen Stadt und insbesondere in Berlin wird wenigstens drei Bereiche zu berücksichtigen haben. Den ersten Bereich bildet die Religion in Verbindung mit dem von ihr geprägten Brauchtum, dazu gehören Judaica, die Archivalien und Schriften. Die zweite Abteilung umfaßt die Geschichte der jeweiligen Gemeinde, die aufgrund der deutschen Geschichte in der Verfolgung und Ermordung der jüdischen Bürger durch die Nationalsozialisten ihr grausames Schicksal fand, ein Schicksal, das mit keiner Wiedergutmachung oder durch den sonst so heilsamen Faktor Zeit seine schreckliche Bedeutung verlieren darf. Nichts in Berlins Geschichte hat die Stadt jemals mehr verändert als die Verfolgung, Vertreibung und Ermordung ihrer eigenen jüdischen Bürger. Dies war eine Veränderung nach innen, die ins Herz der Stadt traf. Als dritten Bereich wird man Leben und Wirken jener jüdischen Bürger zu würdigen haben, die das Gesicht und die Geschichte der Stadt über Jahrhunderte geprägt haben. In Berlin ist die Geschichte der Juden so sehr mit der Geschichte der Stadt verbunden, daß beide kaum voneinander zu trennen sind. Ein eigenständiges jüdisches Museum ist ohne die Geschichte Berlins kaum denkbar, wie umgekehrt ein stadthistorisches Berlin Museum ohne Berücksichtigung seiner jüdischen Bürger jeden Sinn verlieren würde.«

Das Berlin Museum und seine Jüdische Abteilung wollen im Rahmen des Erweiterungsbaus ein integriertes Jüdisches Museum aufbauen. Es soll nicht im stadthistorischen Museum aufgehen oder diesem als Abteilung untergeordnet werden. In eigenständigen Abteilungen Religion und Gemeindegeschichte soll das Jüdische Museum ausschließlich Objekte mit spezifisch jüdischem Inhalt oder engen Bezugspunkten zur Geschichte der Juden in Berlin präsentieren; weltliche Objekte von Künstlern jüdischen Glaubens finden in den Abteilungen Religion und Gemeinde ebensowenig ihren Platz wie etwa die Leistungen von jüdischen Wissenschaftlern, Architekten oder Unternehmern, sofern sich ihre Tätigkeit nicht mit dem Judentum auseinandersetzt.

had the self-sufficiency which it needed while at the same time integrating it into the presentation of Berlin's history in general was central to all considerations. The idea formulated by the museum was incorporated into the text of the invitation for tenders. It said, among other things, that »A Jewish museum in a German city and especially in Berlin will have to keep at least three divisions in mind. The first is religion in conjunction with the traditions which religion has shaped; Judaica, the records and documents belong to this area. The second division embraces the history of the various communities which, owing to the course taken by German history, met with a cruel destiny in the persecution and murder of Jewish citizens by the National Socialists, a destiny which should not be allowed to lose its terrible significance through any form of atonement or through the otherwise effective healing power of time. Nothing in the history of Berlin has ever altered the city so much as the persecution, expulsion and murder of its own Jewish citizens. This alteration worked inwards, affecting the very heart of the city. The third division will consist of giving recognition to the lives and work of former Jewish citizens, who have had a formative effect upon the face of the city and upon its history over centuries. In Berlin the history of the Jews is so closely bound to that of the city that the two can hardly be separated. An autonomous Jewish Museum can not be considered without the history of Berlin just as, conversely, a museum of the civic history of Berlin would lose its significance if it did not take the Jewish citizens into consideration.«

The Berlin Museum and its Jewish department want to build an integrated Jewish Museum within the framework offered by the extension. It should not be allowed to disappear into the Museum of Civic History or to become a subordinate department of this. Within autonomous departments of religion and the history of the community the Jewish Museum should present exclusively objects with a specific Jewish significance or close points of reference to the history of the Jews in Berlin; neither the worldly belongings of artists of the Jewish faith will

Southern Friedrichstadt 1888
(Liebenow)

Mehringplatz 1976

Royal Protestant Consistory with 19th century wing extension along Hollmannstrasse, around 1914

Main facade after destruction in World War II, 1952

Berlin Museum with extension site along Lindenstrasse wich was relocated during the 70s

Um aber die für Berlin folgenreiche Tätigkeit jüdischer Bürger sinnvoll würdigen zu können, sollte nach unseren Vorstellungen auf ihre Rolle in Kunst und Wissenschaft, Medizin oder Sozialgeschichte in einer Abteilung hingewiesen werden, die räumlich zwischen dem eigentlichen Jüdischen Museum und dem stadthistorischen Museum liegt und beide Teile miteinander verklammert, und die nach der einen Seite die permanente Durchdringung mit der Geschichte Berlins aufzeigt, während sie nach der anderen Seite die Herkunft aus dem jüdischen Gedankengut und Lebensbereich aufzeigt.

Unsere Forderungen nach einem integrierten Jüdischen Museum wurden von den meisten Teilnehmern des Wettbewerbs berücksichtigt. In der Regel lagen dabei das stadthistorische Museum und das Jüdische Museum räumlich nebeneinander, und beide wurden auf unterschiedliche Weise miteinander verzahnt. Das Wettbewerbsverfahren war am 25. Juni 1989 abgeschlossen. Aus 165 Arbeiten wurde dem 1946 in Lodz / Polen geborenen, damals in Mailand, jetzt in Berlin lebenden Amerikaner Daniel Libeskind der erste Preis zuerkannt.

Der Entwurf von Libeskind ging über alle anderen Einsendungen weit hinaus. Es zeigte sich, daß Libeskinds architektonische Idee genau den Intentionen des Museums entsprach, teilweise sie sogar übertraf. Aus dem integrativen Konzept war ein Modell der inhaltlichen Durchdringung geworden.

Ein mehrfach gebrochener, langgestreckter Baukörper, dessen Wände im Wettbewerbsentwurf nach Osten zu allmählich immer schräger liegen, dient in zwei Stockwerken der allgemeinen Berlingeschichte von der Zeit der Reichsgründung bis zur Gegenwart. Die vor 1871 liegenden Epochen des 19. Jahrhunderts werden im Altbau behandelt.

Das Jüdische Museum mit Religions- und Gemeindegeschichte befindet sich im Untergeschoß in einem eigenen Baukörper in Form zweier sich kreuzender Achsen, deren Grundriß sich nicht mit dem Hauptgebäude deckt. Das Innere des Hauptgebäudes wird von einzelnen Baukörpern durchsetzt, in deren Umfeld die Geschichte der Berliner Juden – ihr »Beitrag zu Geist und Bild« der Stadt – vorgesehen ist. Die den Raum deutlich verstellenden Bauelemente bilden Fragmente einer geraden

find a place in the departments of religion and community nor, for instance, the achievements of Jewish scientists, architects or industrialists, at least that part of their work not dealing with Judaism.

However, in order to meaningfully recognize the activities of Jewish citizens, which had important consequences for Berlin, we envisage that information on their role should be presented in a department which is situated physically between the Jewish Museum itself and the Museum of Civic History and links the two parts to one another, demonstrating on one side the permanent fusion of Jewish history with the history of Berlin, while on the other side showing its origins in Jewish thinking and living.

Our demand for an integrated Jewish Museum was borne in mind by most of the participants in the competition. As a rule, therefore, the Museum of Civic History and the Jewish Museum were placed adjacent to each other and were interlinked in various different ways. The competition process was closed on June 25th 1989. Of 165 works submitted that of the American architect, Daniel Libeskind, who was born in Lodz in Poland in 1946 and who lived in Milan and now in Berlin, was awarded the first prize. The design drawn up by Libeskind went far beyond all other entries. It turned out that Libeskind's architectural vision corresponded exactly with the museum's intentions, and even surpassed them. From the concept of integration emerged a model for a fusion of meaning.

An extended building, broken in many places, the walls of which slant eastwards in the design entered for the competition, houses the general history of Berlin from the founding of the Second German Reich to the present day in two storeys. The years of the nineteenth century preceeding 1871 are dealt with in the old building.

The Jewish Museum with religious and community history is situated in the basement in a building of its own which takes the form of two axes crossing over one another; its ground plan is not covered by the main building. The inside of the main building is broken up by individual structures, and it is planned that the history of the Berlin Jews

Linie, die den gebrochenen Baukörper durchdringt. Diese Baukörper – vom Architekten als »voids« bezeichnet – reichen durch alle Geschosse und sind weitgehend leer. Sie sind gelegentlich einsehbar, aber in den beiden Hauptausstellungsflächen nicht zu betreten. Die »voids« verkörpern die Leere, die untergegangene jüdische Welt, die Berlin einmal geprägt hat. Für die Zeit der Verfolgung wird jeder Raumkörper zur Gedenkstätte, die jüdische Geschichte verschwindet, ihre Wurzeln weiß der Besucher hinter den geschlossenen Wänden und darunter im Untergeschoß. Die Leere der »voids« taucht in Form eigenständiger Baukörper außerhalb des Gebäudes auf und verdeutlicht so auch architektonisch die Ausgrenzung aus der Geschichte. Architektur wird zum Bedeutungsträger.

An den Enden von kreuzförmig angelegten Korridoren stehen die kompakten Baukörper der »voided voids« (entäußerte Leere), die besonderen Ausstellungsbereichen vorbehalten sein sollen. Die übrigen Räume dienen Werkstätten und Depots.

Der Wettbewerbsentwurf Libeskinds zeigt unmißverständlich die inhaltliche und architektonische Durchdringung der Berliner Geschichte mit der Geschichte der Juden in Berlin. Darum wird künftig niemand das Jüdische Museum besuchen können, ohne die Geschichte Berlins wahrzunehmen, und umgekehrt wird niemand künftig das Berlin Museum aufsuchen können, ohne die Geschichte der jüdischen Bürger dieser Stadt in Vergangenheit und Gegenwart, in schlimmen wie in guten Zeiten zu erfahren.

Inzwischen wurde die Entwurfsplanung konkretisiert und eine Kostenkalkulation für die 9 983 m² Hauptnutzfläche bei 4 300 m² Ausstellungsfläche ermittelt. Für den komplizierten Entwurf wurde eine Kostenschätzung von über 170 Mio. DM ermittelt, weshalb das gesamte Projekt überarbeitet wurde, um die Kosten deutlich zu senken. In enger Abstimmung zwischen dem Architektenbüro, der Senatsverwaltung für Bau- und Wohnungswesen, der Verwaltung für Kulturelle Angelegenheiten und dem Museum wurde vom Architekten ein überarbeiteter Entwurf vorgelegt, dessen Kosten sich auf nunmehr 117 Mio. DM belaufen. Die Einsparungen ergeben sich in erster Linie durch den Wegfall der Wandneigungen,

– their »contribution to the spirit and image« of the city will be displayed within these. These distinctly space-distorting structural elements become fragments of a straight line which runs through the building. These structures – designated »voids« by the architect – extend into every storey and are, to a large extent, empty. Now and again they can be looked into but they cannot be entered in either of the main exhibition areas. The »voids« are an embodiment of the emptiness, the lost world of the Jews, which had once shaped Berlin. Each body of space becomes a memorial to the era of persecution, making Jewish history invisible: the visitor knows its roots to be behind the closed walls and beneath them, in the basement. The emptiness of the »voids« appears in the form of an autonomous structure outside the building and thus also makes the exclusion from history apparent. Architecture has become representative of meaning.

The compact structures of the »varied voids« stand at the ends of corridors laid crossways to each other and should be reserved for special exhibitions. The remaining rooms serve as workshops and storerooms.

The design which Libeskind entered into the competition shows unmistakeably the substantial and architectural fusion of Berlin's history with the history of the Jews in Berlin. Therefore no one in the future will be able to visit the Jewish Museum without being made aware of the history of Berlin and, conversely, no one in the future will be able to drop in on the Berlin Museum without finding out about the history of the Jewish citizens of that city, in the past and in the present, in bad times as well as in good ones.

In the meantime the plans for the building were finalised, and a calculation was made for the cost of building the 9,983 m² of principle useable floor space with the 4,300 m² exhibition area. A valuation of over 170 million Marks was determined for the complicated design with the result that the entire project was revised to significantly reduce costs. In close agreement with the architects' office, the Senate Administration for

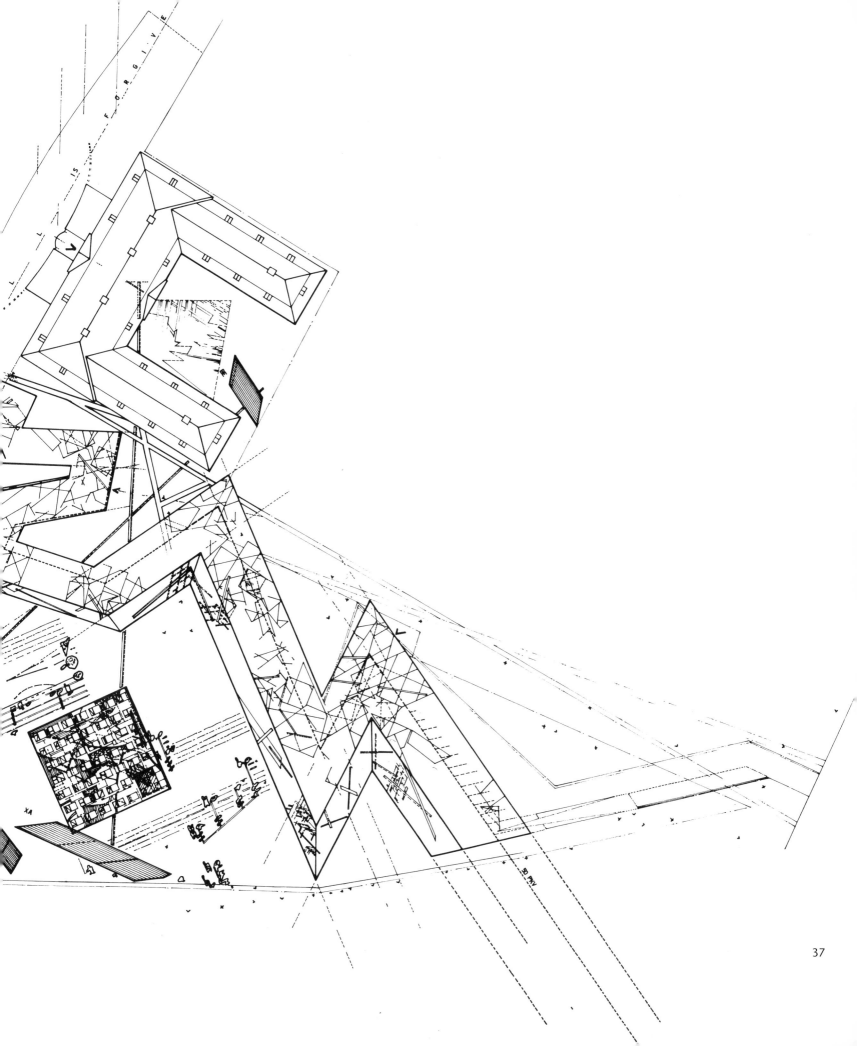

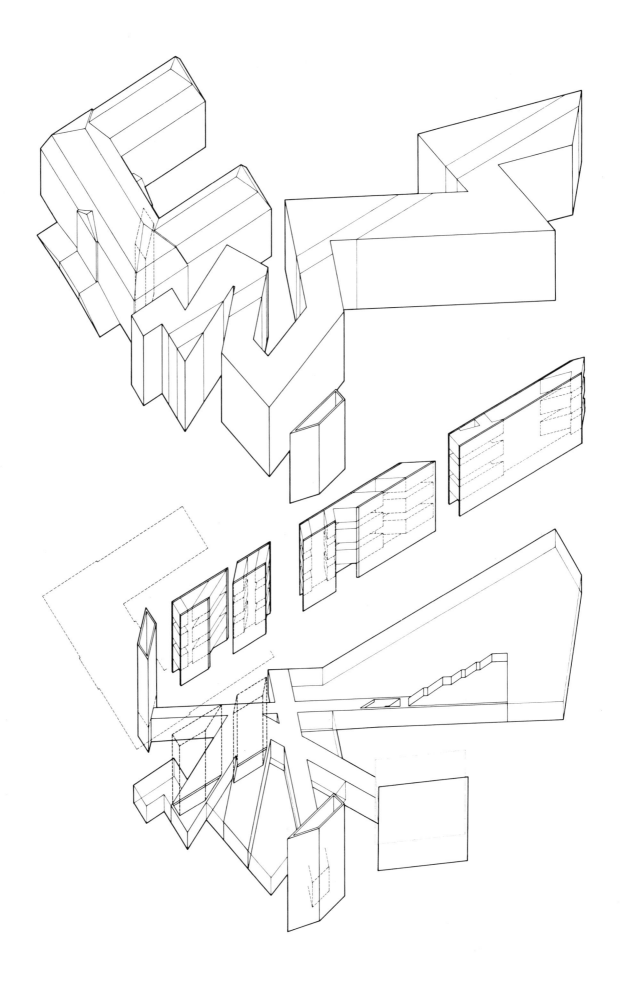

die Sonderdetails wie schräge Aufzüge erforderlich gemacht hätten. Der außerhalb in einem vertieften Baukörper liegende Wechselausstellungsraum wurde ins Erdgeschoß integriert.

Einige der Außentürme, die »voided voids«, entfallen, die Erschließung vom Altbau zum Neubau wurde vereinfacht. Vor allem aber ist der Grundriß des Untergeschosses, der große Teile der jüdischen Abteilung enthält, im Verlauf der Bearbeitung mehrfach vereinfacht worden. Er ist jetzt mit dem Hauptgebäude weitgehend deckungsgleich. Beibehalten wurden die sich kreuzenden Achsen im Untergeschoß, wenn auch in verkürzter Form. Um die geforderte Grundfläche von 1000 m² für das eigentliche Jüdische Museum im Untergeschoß zu erreichen, sind jetzt zwei große Räume, die im Westteil des Neubaus liegen, für das Jüdische Museum vorgesehen.

Der Zugang zum neuen Gebäude erfolgt über den Haupteingang des Berlin Museums im Alten Kammergericht. Durch einen »voided void«, der in den Altbau hineingestellt wird und ihn in allen Geschossen durchstößt, gelangt man in das Untergeschoß des Erweiterungsbaus. Von dort aus erreicht der Besucher einerseits das Jüdische Museum, andererseits ein Treppenhaus, das in gerader Linie über drei Geschosse durch das gesamte Gebäude führt. Im Erdgeschoß gelangt man über die Treppe in die großen Räume für Wechselausstellungen im östlichen Flügel des Neubaus. Das erste Geschoß enthält die Schausammlungen mit Exponaten aus der Zeit von 1870 bis zum Beginn der Weimarer Republik. Im Ostteil liegt über den Räumen für Wechselausstellungen die Theaterabteilung. Die Führungslinie beginnt in der Nähe des Treppenhauses mit Darstellungen zur Geschichte des wilhelminischen Berlin. Ihnen folgen Kunst- und Kulturhistorische Sammlungen der Kaiserzeit. Die detaillierte Gliederung der Räume und die genaue inhaltliche Konzeption werden zur Zeit erarbeitet. Im Westflügel des ersten Geschosses gelangt der Besucher über ein Treppenhaus oder über Aufzüge in das zweite Geschoß, wo die Kultur und Geschichte Berlins im 20. Jahrhundert präsentiert wird. Am Ende der chronologischen Führung liegen zwei Sonderabteilungen, die Modesammlung und die Graphische Abteilung. Von hier aus gelangt der Besucher über

Construction and Housing, the Authorities for Cultural Affairs and the museum, the architect presented a revised design with a cost estimate amounting to 117 million DM. The savings arise in the main from abandoning the inclination of the walls, which would have made necessary such special details as lifts set at an angle. The hall outside the main building in a sunken structure intended for changing exhibitions was integrated into the ground floor. Some of the outer towers, the »voided voids« were omitted and the development of the old building into the new was simplified. Above all, the ground plan of the lower floor, housing the greater part of the Jewish department, was simplified several times in the course of the revision. It is now largely congruent with the main building. The axes crossing over one another were retained, although in reduced form. In order to achieve the floor space of 1,000 m² which was required for the Jewish Museum proper in the basement, two large halls situated in the western portion of the building are intended for this purpose.

Access to the new building takes place via the Berlin Museum's main entrance in the former Supreme Court. The basement of the extension is reached through a »voided void« which is inserted into the old building and cuts through it on all its floors. From here the visitor arrives at the Jewish Museum on one side and a stairwell on the other which leads through the building in a straight line, crossing three storeys. The large halls for changing exhibitions in the east wing of the new building are reached by the staircase from the ground floor. The first floor contains the displays with exhibits from the era between 1870 and the beginning of the Weimar Republic. In the eastern half of the building the theatrical department and a lecture hall are situated above the halls for changing exhibitions. The tour of the museum begins near the stairwell with representations of the history of Wilhelminian Berlin. These are followed by collections dealing with art and culture from the Second German Reich. The details of the rooms' organisation and their precise conception as regards contents are current-

Torah curtain,
Berlin, dated 1832.

das große Treppenhaus bzw. über einen Aufzug wieder in die Jüdische Abteilung und von dort zum Ausgang. Büroräume, Restaurierungswerkstätten, Bibliothek und weitere Funktionsräume liegen im dritten Geschoß. Das äußere Erscheinungsbild des Neubaus wird vor allem durch die unregelmäßige Durchfensterung geprägt, deren künstlerische Gestaltung trotz aller formalen Eigenwilligkeit ganz auf die Nutzung des Gebäudes abgestimmt ist. Dabei kommen die Fenster trotz ungewöhnlicher Formen zum Teil sehr traditionell zum Einsatz. So bildet das waagerechte Band im dritten Obergeschoß eine Reihung von Fenstern für die Büroräume; diagonal verlaufende Fenster begleiten die Treppenhäuser. Im Detail wird die gesamte Organisation der Fenster vom Architekten erarbeitet und mit dem Nutzer abgestimmt. Der völlige Verzicht auf starre Rasterung und konventionelle Formen ermöglicht dabei ein differenziertes Eingehen auf die konservatorischen und inhaltlichen Bedingungen des Museums.

Die Fassade des zukünftigen Erweiterungsbaus besteht aus kleinteiligen Zinkplatten, einem Baustoff, der gerade in Berlin über eine lange Tradition verfügt und uns an zahlreichen Bauten seit der Epoche K. F. Schinkels begegnet. Das schlichte Grau ist bewußt als ein zurückhaltender Akzent zur Parklandschaft und zum ockerfarbenen Ton der Putzfassaden des barocken Kammergerichts gedacht.

Die ungewöhnliche Form des Neubaus, der dem barocken Kollegienhaus an einigen Stellen sehr nahe kommt, aber nie mit ihm verbunden ist, biedert sich in keiner Weise dem Nachbargebäude an, sondern verweist klar und unmißverständlich auf die unterschiedlichen Epochen. Jede postmoderne Architektur hätte hier leicht zu Peinlichkeiten führen können. Gleichzeitig ermöglicht die weit nach Osten reichende Architektur dem chaotischen Bauensemble der Umgebung städtebaulich eine gewisse Einordnung. Das gelegentlich vorgebrachte Argument, der Neubau bedrohe das barocke Gebäude, ist sachlich falsch, da es sich meist auf die Sicht aus der Vogelperspektive bezieht. Von der Lindenstraße aus wirkt das neue Gebäude eher bescheiden und zurückhaltend, da es schmaler und niedriger ist als der barocke Baukörper. Auch dem Einwand, das an der Lindenstraße etwas vorsprin-

ly being worked out. From the west wing of the first floor the second floor can be reached either via a stairwell or by lift. Here Berlin's culture and history in the twentieth century are presented. At the end of the chronological tour there are two special departments, the fashion collection and the department of graphic design. The visitor is returned from here via the main stairwell or by lift to the Jewish department and from there to the exit. The third floor contains offices, workshops for restoration and storerooms.

The outer appearance of the new buildings is influenced above all by the irregular fenestration, the artistic arrangement of which despite all formal unconventiality, is totally determined by the building's use. Through this process and despite their unusual forms the windows are, to some extent, used very traditionally. Thus a horizontal band in the third storey is formed by a row of windows for the offices, and windows running diagonally accompany the stairwells. The entire organisation of the windows was worked out in detail by the architect and was agreed upon with the building's prospective users. The total abandonment of a rigid grid and conventional forms enables a subtly different understanding of the conditions for conservation and contents in the museum.

The façade of the future extension is made up of small zinc tiles, a building material which already has a long tradition in Berlin and which we encounter on countless buildings since the days of K. F. Schinkel. The simple grey is intended to lay restrained emphasis on the surrounding parkland and upon the ocre-coloured plaster façade of the baroque Supreme Court.

The unusual form of the new building, which at times is sited very close to the baroque »Kollegienhaus«, but which is never linked with it, is in no way based upon the neighbouring building, but instead refers clearly and unmistakeably to the different eras in which they were built. Any work of Post-Modern architecture on this site could have caused embarrassment. At the same time the building which stretches a long way eastwards facilitates a certain order as

Torah shild,
Germany, 18th century

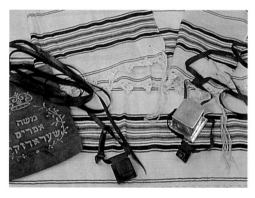

Prayer shawl (tallith) and phylactery

gende Gebäude verdecke den Blick auf den Barockbau, kann leicht begegnet werden: Das ehemalige Kollegienhaus ist mit seiner Fassade – und nur mit dieser – ganz im Sinne der barocken Tradition auf die gegenüber einmündende Markgrafenstraße ausgerichtet und wird aus dieser Sicht vom Neubau nicht beeinträchtigt.

An der Lindenstraße setzt sich der Architekt durch die Anordnung seines Bauwerks kritisch mit den Bausünden der jüngeren Vergangenheit auseinander, als nämlich die alte Straßenführung in Höhe des Berlin Museums umgeschwenkt wurde, um den Autoverkehr am »Belle Alliance Platz« vorbeizuführen. Deutlich markiert Libeskind also mit seiner Architektur jene Stelle, wo der barocke Stadtgrundriß von den Planern zerstört wurde. Heute »entdeckt« der vom Landwehrkanal kommende Besucher auch bei einer Randbebauung entlang der geschwungenen Straße das barocke Kollegienhaus erst, wenn er es fast erreicht hat. Diese Situation unterstreicht der Architekt ganz bewußt.

Überlegungen zur Konzeption

Der komplexe Entwurf Libeskinds, der jüdische und nichtjüdische Geschichte miteinander verknüpft und gleichzeitig ihre gewaltsame Trennung verdeutlicht, fordert nun seine Initiatoren heraus. Dem Architekten wurde der erste Preis des Wettbewerbs unter anderem deshalb zuerkannt, weil sein Entwurf auf unerwartete, aber vorbildliche Weise dem in der Ausschreibung verlangten integrativen Modell entsprach. Jetzt sind die Museumswissenschaftler aufgerufen, das inhaltliche Konzept für die Architektur zu entwickeln und in Zusammenarbeit mit einem Ausstellungsgestalter und dem Architekten zu verwirklichen.

Architektur und Inhalt sollen eine Einheit bilden, eine hohe Anforderung. Einerseits soll der Inhalt der Architektur entsprechen, andererseits darf die Ausstellungspräsentation nicht von der Architektur beherrscht werden. Die museale Darstellung muß von der Architektur unterstützt werden, nicht umgekehrt, eine Auffassung, die auch von Libeskind geteilt wird. Dabei ist allen Beteiligten klar, daß Libeskinds Entwurf – insbesondere wegen der »voids« – eine konventionelle Präsentation

far as urban development is concerned amongst the chaotic collection of the surrounding buildings. The argument which is occasionally put forward that the new construction threatens the baroque building is factually incorrect, as it is based upon a birds-eye view. When seen from Lindenstrasse the new building seems modest and reserved, as it is lower and narrower than the baroque structure. The objection that the slightly projecting building on Lindenstrasse should obstruct the view of the baroque building can also be easily refuted: the façade of the former »Kollegienhaus« – and only the façade – is, in complete accordance with baroque tradition, directed towards the end of Markgrafenstrasse opposite, and the new building will not detract from this view.

In Lindenstrasse the architect uses his building to take a critical look at the architectural sins of the recent past, namely the rerouting of the streets near the Berlin Museum in order to direct the traffic past »Belle Alliance Platz«. Thus, with his architecture, Libeskind clearly marks that spot where the baroque street plan has been destroyed by town planners. Today the visitor approaching from Landwehrkanal only »discovers« the baroque »Kollegienhaus« when he has almost reached it, a state of affairs which is also due to a housing development beside the curved road. This situation is quite consciously underlined by the architect.

Thoughts on the Conception

Libeskind's complex design, which embraces Jewish and non-Jewish history while at the same time making apparent the violent separation between the two, now provides a challenge to those who initiated it. Among other reasons, the architect was awarded the first prize in the competition because his design corresponded in an unexpected, but exemplary fashion to the integrated model demanded in the invitation for tenders. Now the museum's academics are challenged to develop the details of the architectural concept and to bring it to realization in cooperation with a designer of exhibitions and the architect.

Torah finials,
Berlin 1822–1852.

nicht zuläßt. Die verschwundene, ausgegrenzte und vernichtete Welt der europäischen Judenheit entzieht sich weitgehend der klassischen musealen Aufgabe des Sammelns und des Darstellens von sich mehr oder weniger kontinuierlich verändernden Epochen. Die Schwierigkeit musealer Präsentation bewog unter anderem die Museumswissenschaftler, die Idee des integrativen Modells zu entwickeln, um der Gefahr einer erneuten Ghettoisierung durch ein isoliertes Museum zu entgehen.

In Libeskinds Architektur befindet sich das im Wettbewerb geforderte »eigenständige« Jüdische Museum im Untergeschoß, jedoch nur als Teil des gesamten Jüdischen Museums wie auch des Berlin Museums. Über den beiden großen Räumen, die nach den Vorstellungen des Jüdischen Museums die Religion und die Gemeindegeschichte enthalten werden, steigen zwei der durch alle Geschosse reichenden »voids« auf. Ihre Mauern enden über den Ausstellungsräumen des Jüdischen Museums; die »voids« sind dort nur indirekt vorhanden, jedoch sehr direkt erfahrbar. Ausschließlich auf dieser Ebene kann der Besucher in den Raum unterhalb der »voids« eintreten und ihre Leere empfinden, die ihm dann in den beiden Obergeschossen als fragmentierte Linie (fragmented line) immer wieder den Weg verstellt. Im Untergeschoß signalisieren die »voids« jene Reflektion der Zerstörung, ohne die eine Judaica-Sammlung in Deutschland nicht möglich ist: »Die Gesamtheit einer in der Nachkriegszeit in Deutschland zusammengetragenen Judaica-Sammlung muß die Zerstörung reflektieren, die den einzelnen Gegenstand zum Sammelobjekt werden ließ und ihn seiner eigentlichen Funktion beraubte, nämlich in einer Synagoge oder einem jüdischen Heim religiösen Verrichtungen zu dienen.« (V. Bendt). Auch die der Religion gewidmete Abteilung ist bereits durch die Architektur mit dem unheilvollen Verlauf der Geschichte verbunden. Weitere wichtige Bestandteile des Jüdischen Museums im Untergeschoß sind die Treppenhauspassage an der Verbindung zum barocken Altbau und die beiden sich kreuzenden Achsen. Diese drei Bereiche sollen sich in der Gestaltung deutlich voneinander abheben, da sie sehr unterschiedliche Zielsetzungen haben.

Architecture and content should form a unity, which is a large demand to make. On the one hand, the content should be in accordance with the architecture, yet on the other hand the architecture should not be allowed to dominate the presentation of the exhibitions. That which is depicted in the museum should be supported by the architecture, not the other way around, an opinion shared by Libeskind. Therefore it is clear to all those taking part that Libeskind's design does not permit a conventional presentation, due to the »voids« in particular. The lost, excluded and destroyed world of the European Jews has largely escaped the classic museum functions of collecting and exhibiting objects from more or less continually changing eras. This prompted the academics of the museum, among others, to develop the idea of an integrated model, in order to avoid the danger of a renewed ghettoization through an isolated museum.

The »autonomous« Jewish Museum, demanded in the competition, appears in the basement of Libeskind's design. It is, however, merely a part of the Jewish Museum, as it is of the Berlin Museum. Above the two large halls which the Jewish Museum foresees as housing exhibitions of religion and the history of the community, rise two of the »voids« penetrating into every storey. Their walls come to an end above the Jewish Museum's exhibition halls; there the »voids« are only indirectly present, but can be very directly experienced. Only on this level is the visitor able to enter the space beneath the »voids« and feel their emptiness which will, in the form of a fragmented line, obstruct his passage on the two storeys above. In the basement, the »voids« signal that reflection of destruction without which no collection of Judaica in Germany would be possible: »The totality of a collection of Judaica brought together in Germany after the War must reflect the destruction which turned the individual object into a collector's item and robbed it of its original function, namely to serve religious purposes in a synagogue or a Jewish home.« (V. Bendt) The department dedicated to religion is already linked to the disastrous course of

Georg Wilhelm Marggraff:
Hanukkah candelabra,
Berlin ca. 1776.

Katholische Kirche. Königl. Opernhaus. Brandenburger-Thor. Dom-Kirche.

»Linden Scroll«,
Panorama showing the street »Unter den
Linden«,
Berlin, ca. 1800,

dient vor allem der kurzen didaktischen Einführung in die Geschichte der deutschen Juden, die sich dann auf die Geschichte des Judentums in Berlin konzentriert. Die Präsentation dieser Geschichte setzt sich in der zum Garten aufsteigenden Achse fort und enthält nähere Erläuterungen zum Berliner Judentum und zu seiner Situation in der nichtjüdischen Gesellschaft. Wesentliche Bereiche bilden Aufklärung, Emanzipation und Assimilation, die Bewegung des Zionismus und schließlich die Beziehung zu Israel heute.

Die zum freistehenden Turm – dem »voided void« (entäußerte Leere) – führende Achse stellt die Entwicklung und Situation der Berliner Juden seit dem Mittelalter in ihrer Reaktion auf antijüdische Strömungen dar. Den weitaus größten Raum beansprucht dabei das 20. Jahrhundert, wobei nicht die Mordmaschinerie der Nationalsozialisten behandelt wird, sondern die Abwehr- und Selbsthilfemaßnahmen der jüdischen Einrichtungen gegenüber der NS-Politik dokumentiert werden. Die Achse endet im »voided void« als Mahnmal im Museum. Ähnlich wie die zuletzt beschriebene Achse sollte auch die erste Achse ursprünglich in einem gesonderten Baukörper als »voided void« enden. Der turmartige Bau war in der verlängerten Achse jenseits des Gartens vorgesehen, ist aber im Verlauf der Projektierung bedauerlicherweise den Sparplänen zum Opfer gefallen. Es wäre dringend erforderlich, diesen gesonderten Baukomplex zu erhalten. Hier sollte aus der Sicht des Museums und des Architekten eine jüdische Bibliothek, ein öffentliches Arbeits- und Begegnungszentrum sowie ein Café entstehen, wie es auch im Wettbewerbsprogramm vorgesehen war. Damit sollen Forderungen nach einem lebendigen Museum erfüllt werden, wie sie Vera Bendt, die Leiterin der Jüdischen Abteilung, wiederholt formuliert hat: »Juden und Judentum sind historische Themen und historische Museumsobjekte, die in einem stadtgeschichtlichen Museum ihren Platz haben müssen, will man keine Geschichtsklitterung betreiben. Diese Orientierung – auf ›Vergangenheitsbewältigung‹ und ›Wiedergutmachung‹ ausgerichtet – ist keine Basis, auf der ein Jüdisches Museum bestehen könnte. Und sie ist keine zukunftsweisende Basis, auch nicht für die spezifische Form eines Jüdischen Museums als Abteilung des Berlin

events taken by history through its architecture.

Further important elements of the Jewish Museum in the basement are the stairwell passage leading to the link with the original baroque building and the two axes crossing over one another. These three areas should be clearly differentiated from one another in their arrangement as they have very different objectives. The link between the old and the new building serves above all to present a short didactic introduction into the history of the German Jews which goes on to concentrate upon the history of Judaism in Berlin. The presentation of this history is continued in the axis which rises to the surface in the garden and contains a more detailed explanation of Judaism in Berlin and its situation in non-Jewish society. Fundamental areas of this exhibition are Enlightenment, Emancipation and Assimilation, the Zionist movement and, finally, the connection with Israel today.

The axis, which is directed towards the freestanding tower, a »voided void«, portrays the development and situation of the Jews in Berlin since Mediæval times through their reaction to anti-Semitic currents. By far the largest space is concerned with the twentieth century, which does not deal with the National Socialist apparatus for mass murder, but rather documents the defensive and self-supporting measures taken by the Jewish institutions in response to Nazi policies. The axis ends in the »voided void« as a memorial within the museum.

In common with the axis just described, it was originally intended that the first axis should end in a separate structure of a »voided void«. The building in the form of a tower was planned to be in the extended axis on the other side of the garden, but regrettably fell victim to cutbacks during the planning process. Retaining this separate complex of buildings should have been a matter of urgent necessity. A Jewish library, a public centre for meeting and working and a café should, in the view of the museum and that of the architect, have been provided here, as was envisaged in the competition programme. Thus the demand for a lively museum would be fulfilled. As Vera

47

Museums. Ob Museum oder Abteilung, die Bezeichnung ›jüdisch‹ ist nur gerechtfertigt, wenn es nicht nur um Darstellung *über* Juden geht, sondern wenn eine Einrichtung geschaffen wird, die von Juden ideell und materiell mitgetragen [...] wird und somit auch *ihr* Haus für *ihre* Geschichte ist.«

In den beiden Hauptgeschossen des Erweiterungsbaus wird die Kultur und Geschichte Berlins von der Reichsgründungsepoche bis zur Gegenwart dargestellt. Der Beitrag der jüdischen Bevölkerung zu »Geist und Bild der Stadt« in Forschung und Wissenschaft, Geistesgeschichte, Politik, Handel und Gewerbe wird hier entsprechend der historischen Entwicklung in die Berliner Geschichte integriert und mit ihr konfrontiert. Dabei begegnet der Besucher immer wieder den die Räume verstellenden »voids«, welche – wie schon gesagt – das fehlende, das verschwundene jüdische Leben und seinen Anteil an der Geschichte der Stadt verkörpern. Sie erinnern von Anfang an daran, daß Ausgrenzung und Verfolgung schon vor dem Nationalsozialismus Bestandteil der Geschichte waren, und sie weisen den Besucher ständig auf das Ende hin. So ist die jüdische Geschichte nicht nur integriert, sondern auch abgetrennt und durch die dimensionslose Vernichtung im Nationalsozialismus gleichsam nur noch in der Erinnerung wahrnehmbar und eigentlich unausstellbar. Durch die Architektur und in Verbindung mit der Ausstellungskonzeption ist das Jüdische Museum kein »Museum im Museum«, das lediglich eine Kombination zweier Institutionen unter einem gemeinsamen Dach beinhaltet.

Bei der Behandlung der »voids« sind derartige Überlegungen unabdingbar. Dabei muß jede Konzeption auf ihre Rolle, nicht aber auf ihre architektonische Plazierung im Gefüge der Baukörper Rücksicht nehmen. So können die Hauptausstellungsräume nicht auf konventionelle Weise mit Raumabfolgen ausgestattet werden, da sonst die »voids« für den Besucher ihre Bedeutung einbüßen und zu Zwischenwänden degradiert würden. Die Präsentation in den Ausstellungsräumen muß sich weitgehend unabhängig von den »voids« entfalten. Diese markieren keine quasi natürlichen Grenzen innerhalb historischer Abfolgen, vielmehr schneiden sie davon unabhängig in die Ausstellungsfolge ein. Der jüdische Anteil an Kul-

Bendt, curator of the Jewish department, has repeatedly put it: »Jews and Judaism are historic themes and historical artefacts which must have their place in a museum of civic history if you do not want to put forward a concocted version of history. This orientation, aimed at getting over the past and at atonement is not a basis upon which a Jewish museum could exist. And it is not a forwardlooking basis, not even for the particular form taken by the Jewish Museum as a department of the Berlin Museum. Whether it is seen as a museum or as a department the term Jewish can only be justified when it is not only concerned with exhibitions about Jews but when an arrangement is achieved which Jews will support (...), both spiritually and materially, and thereby it is their house for their history.«

In the two main floors of the extension the culture and history of Berlin are portrayed from the founding of the Second German Reich to the present. The contribution of the Jewish population to the »spirit and image of the city« in science and research, intellectual history, politics, trade and industry is here integrated into Berlin's history and confronted with it, according to historical developments. In this process the visitor is constantly re-encountering the »voids«, obstructing the rooms, which – as has already been said – embody the missing, the disappeared Jewish way of life and the part it played in the city's history. From the beginning they serve as a reminder that exclusion and persecution were an integral part of history even before National Socialism, and make constant reference to the end. Thus Jewish history is not only integrated but also cut off and, through the total destruction of National Socialism, can now, only truly be perceived and displayed in remembrance. The architecture of the Jewish Museum, in conjunction with the conception of its exhibitions, ensures that it is no »museum within a museum«, comprising merely a combination of two institutions under a shared roof.

Such considerations are indispensable in the treatment of the »voids«. Each conception must, in this process, show consideration for their rôle, but not for their architec-

Ludwig Knaus:
The Family of Henry Bethel Strousberg,
1870, oil on canvas 117 x 155 cm

49

Ludwig Meidner:
Church of the Good Shepherd, Friedrich-
Wilhelm-Platz, 1913, watercolour on paper
61 x 43 cm

Lovis Corinth:
Alfred Kerr, 1907, oil on canvas
103,5 x 58,5 cm

tur und Geschichte Deutschlands und Berlins wird in der Ausstellung zwar deutlich benannt, ist aber vollkommen in ihrem Ablauf integriert. Das gleiche gilt für die antisemitischen Angriffe gegen das Berliner Judentum.

Die »voids« selbst müssen immer deutlich erkennbar sein, ihr eigenständiger Charakter in allen Räumen gleich bleiben. Die »voids« sind grundsätzlich leer und nur gelegentlich einsehbar.

Die den Ausstellungsräumen zugewandten Wände der »voids« bleiben ebenfalls unberührt. Den Wänden können in prägnanter Form Texte oder Objekte vorgeschaltet werden. Beispielsweise kann im Ausstellungsbereich des Nationalsozialismus jene »jüdische« Fahne vor einer void-Wand plaziert werden, die ein jüdischer Bürger 1935 anfertigte und aus Protest gegen die Nürnberger Gesetze aus dem Fenster seiner Wohnung hing.

Anders verhält es sich bei den sogenannten »void bridges«. Sie sind grundsätzlich Passagen der Stille. Als Durchgänge sind sie für längere Textvermittlungen und Objektaufstellungen schon aus technischen Gründen ungeeignet. Kurze, prägnante Aussagen oder Hinweise werden jedoch möglich sein.

Die detaillierte Abstimmung zwischen Ausstellung und »voids« wird zusammen mit der Ausstellungskonzeption erarbeitet.

tural position within the structure of the building. Therefore the main exhibition rooms cannot be granted spatial sequence in a conventional fashion, as otherwise the »voids« would lose their significance to the visitor and would be reduced to the status of dividing walls. The presentation in the exhibition halls must develop independently from the »voids« to a large extent. The »voids« do not mark boundaries which occur naturally in the course of history, but cut into the exhibition sequence independently of these. The case of the Jewish contribution to Germany's and to Berlin's culture and history is clearly stated in the exhibition, but it is completely integrated into its sequential structure. The same is applicable to anti-Semitic attacks on Berlin's Jewish population.

The »voids« themselves must always be clearly recognisable, and their separate character must remain the same in every room. The »voids« are always empty and can be looked into only occasionally.

The walls of the »voids« which face the exhibition halls also remain untouched. Writings or objects can aptly be superimposed on the walls. For example, in the area of the exhibition dedicated to National Socialism the »Jewish« flag which a Jewish citizen made and hung out of the window of his flat in 1935 as a protest against the Nuremburg Laws can be placed in front of a »voidwall«. The situation regarding the so-called »void bridges« is different. They are always corridors of silence. As passageways they are, for technical reasons, unsuitable for conveying long texts and displaying objects. However, short, to-the-point statements will be possible.

The detailed balance between exhibition and »voids« will be worked out along with the conception for the exhibitions.

Rainer Fetting:
The Berlin Wall, 1980, acrylic on canvas

Auf der Grundlage gutachterlicher Voruntersuchungen zur Einbindung des Museumsneubaus in den stadt- und freiräumlichen Kontext sowie unter Berücksichtigung von Ausgleichs- und Ersatzmaßnahmen nach dem Berliner Naturschutzgesetz und eines vorangegangenen Vorentwurfs wurde der Gartenentwurf als integraler Bestandteil des geplanten Friedrichstädter Ost-West-Grünzuges erarbeitet.

Idee und Konzept sind das Ergebnis intensiver Zusammenarbeit der an der Planung beteiligten Nutzer, der zuständigen Behörden und des Architekten Daniel Libeskind. Neben nutzungsorientierten stadt- und grünplanerischen Rahmenbedingungen fanden Gedanken aus dem Entwurfshintergrund des Architekten Eingang in den Entwurf der Gartenanlagen. Der Einbindung des Gebäudes in ein Raum-Zeitgeflecht folgt eine Thematisierung der verschiedenen Bereiche der Gartenanlagen.

Bezugslinien der jüdischen Geschichte Berlins durchqueren die Grundstücksfläche. Sie sind in der Oberflächenbeschaffenheit des Geländes oder als Linien auf dem Gebäude ablesbar. Schriftsteine geben weitere Hinweise.

Flächen der »entäußerten Leere« (void) – aus dem Gebäude herausmaterialisierte Formen – sind Standorte von Fundstücken einer Spurensicherung. Gegenstände jüdischer Geschichte aus dem »Außenraum« der Stadt sind die Spuren. Das Auswählen und Ausstellen der Fundstücke findet in enger Zusammenarbeit mit dem Museum und der Jüdischen Gemeinde statt. Die Flächen selbst sind unversiegelt und mit Rasen bzw. Wiese bewachsen.

Der PAUL CELAN HOF ist ein gepflasterter, enger, dunkler »Berliner Hof«. Er dient außer als Anlieferungsort von Museumsgütern zur Durchquerung des Baukörpers in nord-südlicher Richtung und ist die Verbindung zwischen dem »alten« Museumsgarten und der Neuanlage. Das Muster einer Graphik Gisèle Lestrange Celans, der Gemahlin von Paul Celan, ist die Vorlage zu dem dargestellten Pflastermuster des Hofes. Zwei beschriftete Steine stellen einen Bezug zu Celans Dichtung her. Das Mosaik breitet sich gleichsam unter dem Gebäude in alle Richtungen aus. Es findet sich wieder im Bereich des Platzes zwischen dem Gebäude und dem Turm-Mahnmal für den Holocaust. Hier, an der Grenze des Platzes zum Rosenhain, wird eine Paulownia (der Lieb-

The design of the garden was developed as an integral part of Friedrichstadt's planned east-west green belt on the basis of expert research into how the new museum building could best be integrated in its urban and spatial context. Consideration was also paid to compensatory and substitute measures demanded by Berlin's Environmental Protection Law and to an earlier preliminary design.

The idea and concept are the result of intensive cooperation between those of the site's users who took part in the planning process, the relevant officials and the architect, Daniel Libeskind. Ideas which formed the basis of the architect's design, along with the basic functional requirements of urban and landscape planning, found their way into the design of the grounds. The integration of the building into a mesh of space and time is a consequence of bringing together the various ground areas to form a thematic whole.

Lines of reference to the history of the Jews in Berlin run through the site. They can be read in the composition of its surfaces or in the lines on the building. Further indications are provided by engraved stones.

Surfaces representing the »voids« – forms which materialise out of the building's walls – are areas upon which the fragmentary remains of evidence are preserved. Objects from Jewish history taken from the »outer space« of the city form the evidence. These remains and the method of their display were chosen together by museum staff and members of the Jewish community of Berlin. The surfaces themselves are unsealed and overgrown with grass.

The PAUL CELAN HOF is a paved, narrow, dark »Berlin Courtyard«. In addition to its function as a delivery yard for goods for the museum, it cuts through the body of the building in a north-south direction and serves as a link between the »old« museum garden and the new grounds. The design on the paving stones follows a pattern drawn up by Gisèle Lestrange Celan, wife to Paul Celan. Two engraved stones provide a link with Celan's poetry. The mosaic seems to spread out underneath the building in all directions. It emerges once more in the

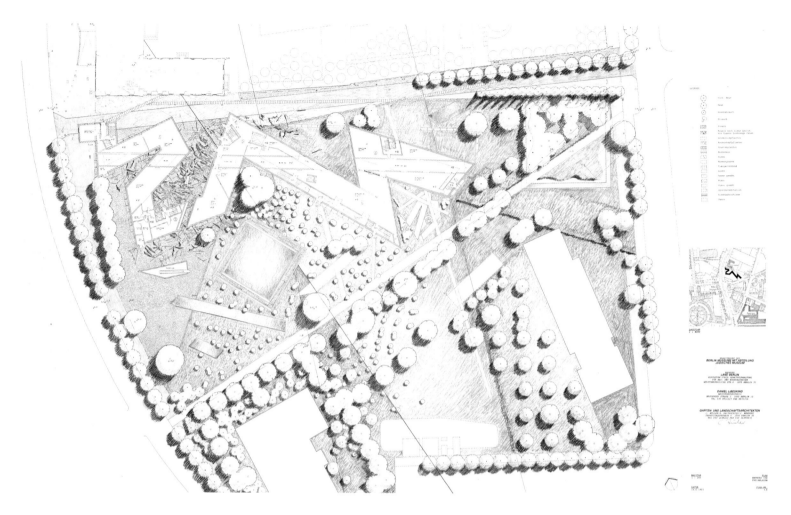

lingsbaum von Paul Celan) gepflanzt.

Der E.T.A. HOFFMANN-GARTEN ist ein um ca. 10 Prozent geneigter Gartenhof, der mit der Zugangsebene des Museums, dem Untergeschoß und den anderen Gartenteilen über eine 6 Prozent geneigte Rampe verbunden ist. Die innere Mauer ist teilweise berankt. Der Fußboden des Gartenraumes besteht aus Kies und Rasen. Die Zugangsrampe ist in Mosaik gepflastert.

Der Hain, die Urform des Gartens, und die Rose, die einzige Pflanze, die in den Mauern des historischen Jerusalem wachsen durfte, sind die einzigen Elemente des Rosenhaines im Zentrum des Museumgartens.

Der Spielplatz ist kleinräumlich differenziert gegliedert. Rutsche, Schaukel, Spielhaus, Wasserspielbrunnen, Wasserrinne und Sandspielflächen bilden die Spiellandschaft. Aber auch in den anderen Gartenbereichen ist das Spielen ausdrücklich erwünscht.

Der PARADIESGARTEN ist ein Hain kultivierter Pflanzen und findet im ihn umgebenden Gar-

square between the building and the tower erected as a monument to the Holocaust. Here, where the square borders onto the rose grove, a Paulovinia (Paul Celan's favourite tree) has been planted.

The E.T.A. HOFFMANN GARTEN is a walled garden with a gradient of approximately 10 percent which is linked to the level entrance to the museum, the basement and the other sections of the garden by a ramp with a 6 percent gradient. The inner wall is partially overgrown with creepers. The garden floor is covered with gravel and grass. The entrance ramp is paved with a mosaic.

The grove, precursor of the garden, and the rose, the only plant allowed to grow within the walls of ancient Jerusalem, are the sole elements of the rose grove in the centre of the museum garden.

The playground has a subtly different spatial structure. Slides, swings, a play house, a water channel, a well and sandy play areas constitute its landscape. But play is also

ten mit wild wuchernden Robinien seinen Gegenpol. Der Robiniengarten steht als Symbol für die Umkehrung des hermetisch geschlossenen Paradiesgartens und ist ein Bild für die ungebrochene Kraft der Natur. Ein Kanal (Brunnen) umschließt ihn; dieser wird durch einen Quell (Spiralbrunnen) gespeist, der im Garten am Fuß eines Baumes entspringt.

Der Fußweg, Teil des Grünzuges, durchquert in diesem Garten verschiedene abwechslungsreiche und vielfältig nutzbare Freiraumbereiche.

Eine grundstücksübergreifende Freiraumplanung ist im Entwurf dargestellt und bezieht sich auf die im oben genannten Gutachten beschriebenen Inhalte. Die langfristige – auf Entsiegelung der Parkplatzflächen des Nachbargrundstücks zielende – Konzeption befindet sich im Abstimmungsprozeß und kann über eine Neuordnung des Nachbargrundstückes erreicht werden.

expressly desired in other areas of the garden.

The PARADIESGARTEN is a grove of cultivated plants and finds its antithesis in the garden of wildly proliferating robinias which surrounds it. The Robiniengarten exists as a symbol for the overturning of the hermetically-sealed paradise garden and is a metaphor for the untamed power of Nature. It is surrounded by a channel, or well, which is fed from a spiral well rising like a spring in the garden at the foot of a tree.

The footpath, a part of the green belt, crosses different open spaces with various uses. The garden design involves a comprehensive arrangement of open space throughout the plot and refers to the findings of the above mentioned research. The long-term conception, which aims at unlocking the potential of the neighbouring plot of land, currently used as a car-park, is in the discussion stage and can be achieved through a restructuring of the neighbouring land.

Garden design

Paul-Celan-Hof, pavement

Offziell heißt das Projekt »Erweiterung des Berlin Museums mit Abteilung Jüdisches Museum«, aber ich habe es »Between the-Lines« (zwischen den Linien) genannt, weil es sich für mich dabei um zwei Linien, zwei Strömungen von Gedanken, Organisation und Beziehungen handelt. Die eine Linie ist gerade, aber in viele Fragmente zersplittert, die andere Linie windet sich, setzt sich jedoch unendlich fort. Diese beiden Linien entwickeln sich gemeinsam architektonisch und programmatisch durch einen begrenzten, klar umrissenen Dialog. Sie fallen auch auseinander, lösen sich voneinander und werden als getrennt gesehen. Auf diese Weise decken sie eine Leere auf, die in immer wieder unterbrochener Folge dieses Museum – wie auch die Architektur als Ganzes – durchzieht. Wenn man von Architektur (oder von Berlin und seiner gegenwärtigen Situation) spricht, redet man gleichzeitig über das Paradigma des Irrationalen. Ich glaube, daß die besten Arbeiten des zeitgenössischen Geistes aus dem Irrationalen entspringen, während die Mächte dieser Welt, die herrschen und oft auch töten, dies immer im Namen der Vernunft tun. Das Irrationale war meine Ausgangsbasis – sozusagen das Nicht-Beginnen dieses Projekts – ebenso Berlin als gleichzeitig physisch und auch im Geiste vorhandener Ort. Der Standort befindet sich im Zentrum des alten Berlins an der Lindenstraße, in der Nähe der berühmten barocken Kreuzung von Wilhelmstraße, Friedrichstraße und Lindenstraße. Im Umkreis dieses Platzes lebten früher viele berühmte Deutsche, und viele berühmte Juden – allesamt Berliner –, Menschen, die zu der Kultur beitrugen, die wir als »Berliner Kultur« kennen. Gleichzeitig spürte ich, daß der physische Grundriß der Stadt Berlin nicht der einzige war – es gab da auch noch eine unsichtbare Matrix oder Anamnese von Verknüpfungen in menschlichen Beziehungen, die ich nicht nur zwischen deutschen und jüdischen Persönlichkeiten entdeckte, sondern auch zwischen der Stadtgeschichte Berlins und der Geschichte der Juden in Deutschland und in Berlin. Ich erkannte, daß bestimmte Menschen, insbesondere einige Wissenschaftler, Komponisten, Künstler und Poeten Bin-

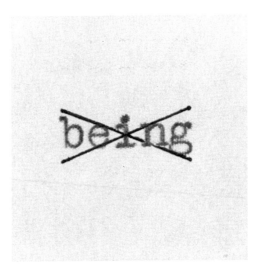

deglieder zwischen jüdischer Tradition und deutscher Kultur waren. So entdeckte ich diese Verbindungen und entwarf eine irrationale Matrix in Form eines Systems von rechtwinkligen Dreiecken, die einige Ähnlichkeit mit dem Emblem eines komprimierten und verzerrten Sterns erkennen lassen würden – eine Ähnlichkeit mit dem gelben Stern, der an dieser Stelle, die jetzt eine Grünfläche ist, so häufig getragen worden ist. Ich machte mich auf den Weg, um die Adressen von Berlinern wie Heinrich von Kleist, Heinrich Heine und Rahel Varnhagen ausfindig zu machen, aber auch von den in unserem Jahrhundert hier lebenden Berlinern wie Arnold Schönberg, Paul Celan, Walter Benjamin. Natürlich ist es für das Muster einer Stadt scheinbar nicht von Bedeutung, wo sie genau wohnten, aber ich habe mir trotzdem die Mühe gemacht, sie zu finden. Und ich war ganz überrascht, daß es gar nicht so schwierig war, die Botschaft (die »Adresse«) dieser Menschen zu hören und zu notieren: Sie formten eine ganz bestimmte städtische und kulturelle Konstellation der Weltgeschichte – und diese stellt einen Aspekt dieses Projekts dar. Die zweite Dimension des Projekts ist musikalischer Art. Schon immer hat mich Schönbergs unvollendete Oper *Moses und Aron* fasziniert. Was mich nun an dem Werk interessierte, war vor allem, daß Schönberg die Oper in Berlin begann, sie aber nicht vollenden konnte. Er komponierte nur Akt I und II. Es fehlte ihm nicht nur die Inspiration, sozusagen, um Akt III zu vollenden, sondern die ganze musikalische Struktur war zum Stillstand gekommen und hatte so jede Möglichkeit gelöscht, das Stück als Oper weiterzuentwickeln. Ich wunderte mich darüber, daß dieses Genie, dieser unglaubliche Intellektuelle und große Komponist nicht in der Lage gewesen sein sollte, Akt III zu vollenden. Ich holte also meine Schallplatten hervor und begann, das Libretto zu lesen. Es handelt sich hier um einen Dialog zwischen Aron und Moses, zwischen der gesprochenen und massenproduzierten Volkswahrheit und der geoffenbarten und unvorstellbaren Wahrheit. Aron möchte dem Volk etwas mitteilen, es in das Gelobte Land führen, und Moses ist nicht in der Lage, die

Offenbarungen Gottes durch irgendwelche Bilder zu vermitteln, einschließlich des musikalischen Bildes in Schönbergs Fall. Die Diskussion zwischen Aron und Moses endet damit, daß Aron langsam im Hintergrund der Bühne verschwindet, und dann singt der Chor das »Allmächtiger, Du bist stärker als Ägyptens Götter!« und verläßt danach die Bühne. Moses bleibt allein und singt die Worte: »Unvorstellbarer Gott. Unaussprechlicher, Vieldeutiger Gedanke! Läßt Du diese Auslegung zu? Darf Aron, mein Mund, dieses Bild machen? So habe ich mir ein Bild gemacht, falsch, wie ein Bild nur sein kann. So bin ich geschlagen. So war alles Wahnsinn, was ich gedacht habe, und kann und darf nicht gesagt werden.« Dies wird alles gesungen, aber die letzte Zeile »Oh Wort, du Wort, das mir fehlt!« wird nicht mehr gesungen, nur gesprochen. Am Ende des zweiten Aktes kann man die Worte verstehen, weil sie nicht mehr in der Musik untergehen, das Wort ist sozusagen isoliert worden und hat einen völlig a-musikalischen Ausdruck gefunden: Das ist der Aufruf zur Tat. Und es ist auch das Ende der Oper, wie Schönberg sie komponiert hat. Dies war für mich die zweite Seite des Projekts »Between the Lines«. Im Vorfeld der Entwurfsarbeiten tat ich auch noch ein Drittes: Ich interessierte mich für die Namen der Menschen, die in den

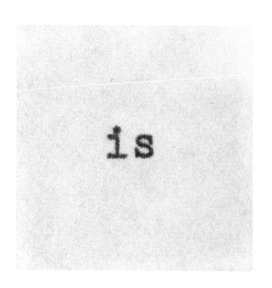

schicksalhaften Jahren des Holocaust von Berlin deportiert worden waren, jenen Jahren, die für uns nur noch Geschichte sind. Ich schrieb also an das Presse- und Informationsamt der Bundesregierung in Bonn und fragte an, ob sie mir ein Buch mit allen Namen der von Berlin deportierten Juden schicken könnten. Tatsächlich gibt es ein solches »Gedenkbuch«, das ich mit der Post erhielt. Es ist ein unglaublich eindrucksvolles zweibändiges Werk, wie ein riesiges schwarzes Telefonbuch, in dem nichts weiter abgedruckt ist als Namen in alphabetischer Reihenfolge, Namen, Geburtsdaten, Deportationsdaten und die vermutlichen Orte, an denen diese Menschen ermordet wurden – eine erstaunliche Publikation! Ich suchte darin die Namen aller Berliner und fand heraus, wo sie gestorben waren – in Riga und Lodz, in Auschwitz und in allen Konzentrationsla-

gern. Dies war der dritte Aspekt. Der vierte Aspekt für das Konzept des Projekts ist Walter Benjamins Werk »Einbahnstraße«, und zwar bildet jede der 60 »Stationen des Sterns«, die Walter Benjamin in seinem Text beschreibt, die Grundlage für einen der 60 Abschnitte entlang der Zickzackform des Gebäudes. Um noch einmal die vierdimensionale geistige Struktur des Gebäudes zusammenzufassen: Der erste Aspekt ist der unsichtbare, irrational zusammenhängende Stern, der mit dem nicht vorhandenen Licht individueller »Adresse« leuchtet. Der zweite Aspekt ist der Schnitt in Akt II von Moses und Aron, bei dem es sich um die a-musikalische Erfüllung des Wortes handelt. Der dritte Gedanke gilt den deportierten oder vermißten Berlinern. Die vierte Grundlage des Projekts ist Walter Benjamins städtische Apokalypse entlang der Einbahnstraße. Konkret handelt es sich um ein sehr großes Gebäude mit einer Gesamtfläche von über 10.000m². Die Baukosten werden voraussichtlich DM 117 Millionen betragen. Im Wettbewerbsentwurf waren noch schiefe Mauern vorgesehen, die aber später wieder »aufgerichtet« wurden, da ich nach dem Fall der Berliner Mauer spürte, daß das Projekt nicht mehr unter dem Schutz jener Art von Schizophrenie stand, die den zweiteiligen Charakter der Stadt ausmachte. Das Museum mußte nun anders dastehen und sich einer vereinten und Mauer-losen Stadt auf andere Weise öffnen. Das Museum besteht aus: einer Erweiterung, zwei Gebäuden, drei sichtbaren Formen, vier separaten Strukturen, fünf Lücken/leeren Räumen, sechs geleerten Gebäudeabschnitten, sieben Gebäuden in der Schräge, acht Untergründen, neun leeren Wänden, zehn Verbindungsgängen, elf ursprünglichen Hauptlinien, zwölf Tönen, 23 Winkeln, 24 Mauern, 25 Ebenen, 39 Brücken, 81 Türen und nicht weniger als 365 Fenstern. Der Bau beginnt unter dem bereits existierenden Gebäude, kreuzt unterirdisch hin und her und erhebt sich dann unabhängig vom alten Gebäude über den Grund. Das bestehende Haus ist mit dem neuen nur unterirdisch verbunden, wodurch die widersprüchliche Autonomie beider Hoch-Bauten erhalten bleibt. Oben, sichtbar, sind sie

unabhängig voneinander, in der Tiefe zeigt sich der Zusammenhang. Aus der Grenzsituation der Geschichte, nämlich nichts anderem als dem Holocaust mit seinem konzentrierten Vernichtungsraum und dem vollständigen Ausbrennen jeglicher sinnvoller Stadtentwicklung, und der Menschheit selbst – aus diesem Ereignis, das den Ort zertrümmert hat, entspringt gleichzeitig etwas, das die Architektur nicht vermitteln kann. Das vergangene vernichtende Schicksal der deutsch-jüdischen kulturellen Beziehungen in Berlin wird hier im Bereich des Unsichtbaren wieder aufgeführt. Ich habe versucht, dieses Ferngerückte wieder bewußt zu machen. Das Museum sollte in einer Stadt wie Berlin nicht nur für die lebenden Bürger, sondern auch – sozusagen imaginativ oder metaphysisch – für die Bürger der Vergangenheit und der Zukunft zugänglich sein. Es sollte ein Ort für alle Bürger Berlins sein, durch den sie ein gemeinsames Erbe bestätigt sehen. Da sie alle Berliner sind, waren und sein werden, sollten sie hier eine gemeinsame Hoffnung finden, die aus individuellem Wünschen geboren wird. Ich erkannte daher, daß die Form des Museums neu überdacht werden mußte, um eine Teilnahme des Publikums zu ermutigen. Der Erweiterungsbau des Berlin Museums mit der besonderen Aufgabe, das Jüdische Museum zu beherbergen, ist der Versuch, denen Stimme zu leihen, die ein gemeinsames Schicksal verbindet: den Juden und Nichtjuden, Berlinern und Nicht-Berlinern, denen, die im Ausland leben, und denen, die daheimgeblieben sind, denen im Exil und denen in der Wildnis, den Ordentlichen und Unordentlichen, den Auserwählten und den Verstoßenen, den Stimmgewaltigen und den Stillen im Lande. Der neue Erweiterungsbau ist als ein Emblem konzipiert, in dem das Nicht-Sichtbare sich als Leere, als das Unsichtbare manifestiert. Der Grundgedanke ist eigentlich ganz einfach: nämlich das Museum um einen leeren Raum herumzubauen, der sich durch das ganze Gebäude zieht und von den Besuchern erlebt werden soll. Physisch ist von jüdischer Präsenz in Berlin sehr wenig übriggeblieben – nur kleine Gegenstände, Dokumente, Archivmaterialien, die eher eine Abwesenheit als eine Präsenz heraufbeschwören. Deshalb dachte ich, daß diese »Leere«, die sich ja mitten durch die zeitgenössische Kultur Berlins zieht, sichtbar und zugänglich gemacht werden sollte. Die Leere sollte sich als strukturelles Element an diesem Standort in der Stadt herauskristallisieren und sich in einer Architektur ma-

nifestieren, in der das Ungenannte überdauert, weil die Namen bewegungslos bleiben. Das Projekt »Between the Lines« unternimmt den Versuch, diese Geschichtsspur mit Berlin zu verbinden, und Berlin wieder mit seiner eigenen ausradierten Erinnerung in Beziehung zu setzen, die nicht vertuscht, verleugnet oder vergessen werden sollte. Ich wollte die Bedeutung dieser Geschichte wieder erschließen und sie sichtbar machen. Was den Stadtkontext angeht, war es mein Ziel, dem bestehenden historischen Kontext dadurch neuen Wert zu verleihen, daß das städtische Umfeld in eine offene und – ich möchte sagen – »hoffnungsorientierte« Matrix verwandelt wird. Der vorgesehene Erweiterungsbau wird daher durch eine Reihe wirklicher und implizierter Verwandlungen des Geländes charakterisiert. Das kompakte traditionelle Straßenraster wird allmählich von seinen barocken Ursprüngen gelöst und quer durch das Gelände zu den Wohnblöcken der sechziger Jahre und den neuen IBA-Bauten in Beziehung gesetzt. Das Problem des Jüdischen Museums in Berlin wird als das Problem der Kultur an sich aufgefaßt – sozusagen als Problem einer Avant-Garde-Menschheit, einer Avant-Garde, die im Laufe ihrer eigenen Geschichte verbrannt worden ist, im Holocaust. In diesem Sinne stellt dieses Projekt, glaube ich, eine Verbindung her zwischen Architektur und den Fragen, die heute für die ganze Menschheit relevant sind. Ich habe versucht, zu sagen, daß die jüdische Geschichte Berlins untrennbar mit der Geschichte unserer modernen Zeit und mit dem Schicksal dieser Geschichtsverbrennung verbunden ist. Sie sind aber nicht durch irgendwelche offensichtliche Formen miteinander verquickt, sondern eher durch eine Negation, durch die Abwesenheit von Sinn und Geschichte, durch einen Mangel an Artefakten. Daher dient hier das Fehlende als Mittel dazu, die gemeinsamen Hoffnungen der Menschen in ganz anderer Weise tiefer miteinander zu verbinden. Eine solche Konzeption wehrt sich vehement dagegen, das Museum oder die Architektur auf eine vom Erleben distanzierte Gedenkstätte oder auf eine denkwürdige Distanz zu reduzieren. Es ist eher eine Konzeption, die die jüdisch-berlinerische Geschichte durch die unheilbare Wunde des Glaubens reintegriert, der im Hebräerbrief (Kap. 11,1) »eine gewisse Zuversicht des, das man hofft« genannt wird, und »ein Nichtzweifeln an dem, das man nicht sieht«.

(Nach einem Vortrag an der Universität Hannover vom 5.12.1989)

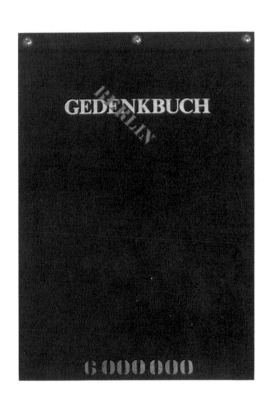

The official name of the project is the »Extension of the Berlin Museum with the Jewish Museum Department,« but I have called it »Between the Lines.« I call it this because it is a project about two lines of thinking, organization and relationship. One is a straight line, but broken into many fragments, the other is a tortuous line, but continuing indefinitely. These two lines develop architecturally and programmatically through a limited but definite dialogue. They also fall apart, become disengaged, and are seen as separated. In this way, they expose a void that runs through this museum and through architecture, a discontinuous void. To speak about architecture (or to speak about Berlin and about the contemporary situation), is to speak about the paradigm of the irrational. In my view, the best works of the contemporary spirit come from the irrational, while what prevails in the world, what dominates and often kills, does so always in the name of Reason. The irrational as a nonbeginning of this project was my starting point. Berlin as not only a physical place, but also something in the mind. The site is the center of the old city of Berlin on Lindenstrasse near the famous baroque intersection of Wilhelmstrasse, Friedrichstrasse and Lindenstrasse. Around the site on Lindenstrasse there lived so many famous Germans, and many famous Jews. Jews, Germans, Berliners, people who formed the culture we know as »Berlin.« At the same time, I felt that the physical trace of Berlin was not the only trace, but rather that there was an invisible matrix or anamnesis of connections in relationship. I found this connection between figures of Germans and Jews; between the particular history of Berlin, and between the Jewish history of Germany and of Berlin. I felt that certain people and particularly certain scientists, composers, artists and poets formed the link between Jewish tradition and German culture. So I found this connection and I plotted an irrational matrix which was in the form of a system of squared triangles which would yield some reference to the emblematics of a compressed and distorted star: the yellow star that was so frequently worn on this site, which today is green. I went about trying to find out the addresses of Berliners like Heinrich von Kleist, Heinrich Heine, and Rahel Varnhagen, but also of more contemporary Berliners such as Arnold

Schoenberg, Paul Celan, Walter Benjamin. Of course, where they lived isn't significant for the pattern of the city, it's seemingly not important where those anonymous addresses were, but nevertheless I found them. I was quite surprised that it was not so difficult to hear and plot the address that these people made: That they formed a particular urban and cultural constellation of Universal History. That is one aspect of the project. The second dimension of the project is a musical dimension. I have long been fascinated by Schoenberg's unfinished opera *Moses and Aaron*. What now interested me about the work was the fact that Schoenberg started it in Berlin, but could not finish it. Only acts I and II were composed. It is not only that he had no inspiration, so to speak, to complete act III, but the whole musical structure had ground to a halt, erasing the possibility of continuing in the operatic mode. It intrigued me that such a genius, an incredible intellect and a great composer, was unable to complete act III. So I got out my records and started reading the libretto. It is a dialogue between Aaron and Moses, between the spoken and mass-produced people's truth and the revealed and unimaginable truth. Aaron wants to communicate to the people, lead them into the promised land, and Moses is unable to convey the revelation of God through any image, including the musical image in Schoenberg's case. The discussion between Aaron and Moses ends up with Aaron slowly exiting in the background, and then the chorus sings: »Almighty, Thou art stronger than Egyptian gods are!«, and then everybody leaves and Moses is left alone to sing the words: »Inconceivable God! Inexpressible, many-sided idea, will You let it be so explained? Shall Aaron, my mouth, fashion this image? Then I have fashioned an image too, false, as an image must be. Thus am I defeated! Thus, all was but madness that I believed before, and can and must not be given voice.« All this is sung, but the last line, »O word, thou word, that I lack!« is not sung any more, it's just spoken. At the end of the second act you can understand the word because there is no music. The word, so to speak, has been isolated and given a completely nonmusical expression: it is the call for the deed. That's the end of the opera as Schoenberg composed it. So that was the second aspect

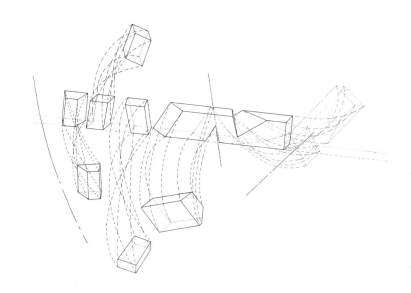

of the project »Between the Lines«. Before starting the actual design of the building, I did a third thing. I was interested in the names of those people who were deported from Berlin during the fatal years, the Holocaust, that one knows only historically. I wrote to the Federal Information Office in Bonn and asked if they had any book that contained the names of all the Jewish people who were deported from Berlin. They did indeed have such a book, »Gedenkbuch«: it came to me in the mail. It's an incredibly impressive two-volume set, like a giant, black telephone book, with nothing in it but names in alphabetical order, just names, dates of birth and dates of deportation and presumed places where these people were murdered, an amazing publication. So I looked for the names of all the Berliners and where they had died – in Riga, in Lodz and Auschwitz, in all the concentration camps. So this was the third aspect. The 4th aspect of the project is formed by Walter Benjamin's One Way Street. This aspect is incorporated into the continuous sequence of 60 sections along the zig-zag of Berlin, each of which represents one of the »Stations of the Star« described in the text of Walter Benjamin. To summarize this four-fold structure: The

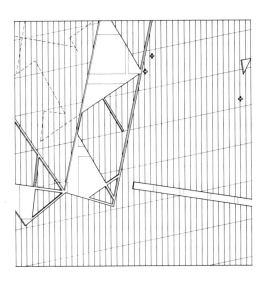

first aspect is the invisible and irrationally connected star which shines with the absent light of individual address. The second one is the cut through Act II of *Moses and Aaron* which has to do with the not-musical fulfillment of the word. The third aspect is that of the deported or missing Berliners; the 4th aspect is Walter Benjamin's urban apocalypse along the One Way Street. In specific terms it's a large building of more than 10,000 square meters. It is budgeted for something like 117 million Deutschmarks. The competition design had introduced the notion of slanted walls, which I have subsequently eliminated, because after the fall of the Wall I felt the project was no longer protected by the kind of schizophrenia developed out of the bi-lateral nature of the city. The Museum has to stand and open itself in a different way in a united and wall-less city. The Museum constitutes: 1 Addition, 2 Buildings, 3 Visible Forms, 4 Separate structures, 5 Voids, 6 Voided sections, 7 Buildings in the oblique, 8 Undergrounds, 9 Void Walls, 10 Connections, 11 Original lines, 12 Tones, 23 Angles, 24 Walls, 25 Elevations, 39 Bridges, 81 Doors, and no fewer than 365 Windows. The building goes under the existing building, criss-crosses underground and materializes itself independently on the outside. The existing building is tied to the extension underground, preserving the contradictory autonomy of both the old building and the new building on the surface, while binding the two together in depth, underground. Out of the terminus of history, which is nothing other than the Holocaust with its concentrated space of annihilation and complete burn-out of meaningful development of the city and of humanity – out of this event which shatters this place comes that which cannot really be given by architecture. The past fatality of the German Jewish cultural relation in Berlin is enacted now in the realm of the invisible. It is this remoteness which I have tried to bring to consciousness. The museum for such a place as Berlin should not only be for the citizens of the present, but should be accessible, let's say imaginatively or metaphysically, to citizens of the past and of the future, a place for all citizens, a place to confirm a common heritage. Since they are Berliners, were Berliners, and will be Berliners, they should also find in it a shared hope, which is created in individual desire. To this end I saw that the museum form needed to be rethought, in order to encourage public participation. Thus, the extension to the Berlin Museum, with its special function of housing the Jewish Museum, is an attempt to give voice to a common fate, common to Jews, to non-Jews, to Berliners, to non-Berliners, to those who live abroad and those who live at home, those in exile, and those in the wilderness, the ordered and disordered, the chosen and not chosen, the vo-

cal and silent. The new extension is conceived as an emblem where the not visible has made itself apparent as a void, an invisible. The idea is very simple: to build the museum around a void that runs through it, a void that is to be experienced by the public. Physically, very little remains of the Jewish presence in Berlin – small things, documents, archive materials, evocative of an absence rather than a presence. I thought therefore that this »void« which runs centrally through the contemporary culture of Berlin should be made visible, accessible. It should become the structural feature that is crystallized in this particular space of the city and laid bare in an architecture in which the unnamed remains because the names keep still. The project seeks to reconnect the trace of history to Berlin and Berlin to its own eradicated memory which should not be camouflaged, disowned or forgotten. I sought to reopen the meaning which seems to be only implicit, and to make it visible. In terms of the city, the idea is to give a new value to the existing context, the historical context, by transforming the urban field into an open and a hope-oriented matrix. The proposed expansion, therefore, is characterized by a series of real and implied transformations of the site. The compactness of traditionel street patterns is gradually dissolved from its Baroque origins, and then related diagonally across to the housing development of the 60's and the new IBA projects of the 70's and 80's. The problem of the Jewish Museum in Berlin is taken as the problem of culture itself – as the problem of an avant garde humanity; an avant garde that has been incinerated in its own history, in the Holocaust. In this sense, I believe this scheme joins architecture to questions that are now relevant to all humanity. What I've tried to say is that the Jewish history of Berlin is not separable from the history of Modernity, from the destiny of this incineration of history; they are bound together. But bound not through any obvious forms, but rather through a breakdown of history and an absence of artifacts. Absence, therefore serves as a way of binding in depth and, in a totally different manner, the shared hopes of people. It is a conception which is opposed to reducing the museum or architecture to a detached memorial or to a memorable detachment. A conception, rather, which reintegrates Jewish/Berlin History through the unhealable wound of faith, which, in the words of Hebrews (11.1), is the »substance of things hoped for; proof of things invisible.«

(Transcript of a talk at Hannover University on December 5, 1989)

Baumgarten, Friedrich Hermann
Baumgarten, Hermann
Baumgarten, Georg
Baumgarten, Hertha H.
Baumgarten, Hedwig, Ida, geb.
Baumgarten, Herta
Baumgarten, Ilse J.
Baumgarten, Isidor M.
Baumgarten, Israel
Baumgarten, Ingeborg
Baumgarten, Johanna
Baumgarten, Johanna
Baumgarten, Josef
Baumgarten, Julius
Baumgarten, Karoline
Baumgarten, Karoline
Mathehr, Leo
Mathehr, Leonhard
Mathehr, Lilli, geb.
Mathehr, Ludwig
Paulbehr, Ludwig
Paulehr, Margot
Regbehr, Marion M.
Rosbehr, Max
Rosbehr, Moritz
Siegbehr, Nathan
Behr, Paula, geb.
Behr, Regina, geb.
Walbehr, Roeschen
Webehr, Regina E.
Behr, Rosa
Behr, Ruth P.
Behr, Rosa
Behr, Stella
Behr, Susanne
Behr, Valerie
Behr, Walter
Behr, Walter
Behr, Walter A.
Behrend, Albert
Behrend, Anna
Behrend, Anna
Behrend, Betty, g...
Behrend, Bianca
Behrend, Bruno
Behrend, Camilla
Behrend, Dora R.
Behrend, Edith
Behrend, Elisabet...
Behrend, Elsa
Behrend, Else
Behrend, Else, geb...
Behrend, Emil
Behrend, Emilie
Behrend, Erna, geb...
Behrend, Flora; g...
Behrend, Heiman
Behrend, Helene
Behrend, Henny
Behrend, Henriett...
Behrend, Henriett...
Behrend, Hermin...
Behrend, Bertha
Behrend, Martha
Behrend, H.

Bendit, Aron
Bendit, Ernestine
Bendit, Ernst
Bendit, Eugenie
Bendit, Fanny, geb...
Bendit, Frieda
Bendit, Gertrud
Bendit, Hedwig
Bendit, Helene
Bendit, Henriette
Bendit, Joachim
Bendit, Johanna
Bendit, Jona
Bendit, Justus
Bendit, Leo
Bendit, Lucie
Bendit, Luise, geb.
Bendit, Margot, geb...
Bendit, Meta, geb.
Bendit, Michael
Bendit, Paula
Bendit, Paula, geb...
Bendit, Pine, geb.
Bendit, Ruth Inge
Bendit, Ruth
Bendit, Selma
Bendit, Siegfried
Bendit, Walli, geb.
Bendit, Willy
Bendit, Zilla
Bendix, Albert
Bendix, Alice
Bendix, Alice
Bendix, Berta, geb...
Bendix, Cilly
Bendix, Edith Pa...
Bendix, Eduard
Bendix, Elisabeth
Bendix, Elsa, geb...
Bendix, Else
Bendix, Emma
Bendix, Ernst
Bendix, Friederik...
Bendix, Friedrich
Bendix, Hugo
Bendix, Hugo
Bendix, Hugo
Bendix, Ida
Bendix, Jenny, ge...
Bendix, Julie
Bendix, Julius
Bendix, Julius O.
Bendix, Leopold
Bendix, Levi Mei...
Bendix, Melanie,
Bendix, Meta, ge...
Bendix, Otto
Bendix, Otto
Bendix, Paul
Bendix, Recha
Bendix, Regina
Bendix, Rosa, geb...
Bendix, Rosalie
Bendix, Rosalie, g...
Bendix, Selma, ge...
Bendix, Sophie, g...
Bendix, Taube
Bendix, Thekla
Bendix, Wilhelmi...
Bendkower, Regin...
Bendorf, Dina, ge...
Bendorf, Edith, g...
Bendorf, Emanuel
Bendorf, Joseph
Bendorf, Katharin...
Bendorf, Manfred
Bendorf, Max
Bendorf, Moritz
Bendorf, Moses

Berg, Karl
Berg, Klara
Berg, Klara, geb.
Berg, Kurt
Berg, Lilli, geb.
Berg, Lilly, geb.
Berg, Lina, geb.
Berg, Ludwig
Berg, Lucie
Berg, Margarete
Berg, Margarete
Berg, Martha, geb...
Berg, Martha, geb...
Berg, Mary, geb.
Berg, Melanie
Berg, Moritz
Berg, Nathan
Berg, Norbert
Berg, Palmyra, geb...
Berg, Paul
Berg, Paula, geb...
Berg, Pauline
Berg, Regina, geb...
Berg, Reta
Berg, Rosa, geb.
Berg, Rudi L.
Berg, Rudolf
Berg, Rudolf
Berg, Ruth
Berg, Ruth, geb.
Berg, Sabine
Berg, Sally
Berg, Sally
Berg, Selma
Berg, Selma
Berg, Selma, geb.
Berg, Siegfried
Berg, Siegfried
Berg, Siegfried
Berg, Simon
Berg, Simon
Berg, Sophie, geb.
Berg, Walter
Berg, Werner R.
Berg, Willi
Berg, Willy
Berg, Willy
Bergas, Frieda
Bergas, Minna, g...
Bergas, Wilhelm
Berge, Emanuel
Berge, Ignatz
Bergel, Josef
Bergel, Marianne
Bergel, Rosa, geb...
Bergen, Albert
Bergen, Anton
Bergen, Charles
Bergen, Clara S.,
Bergen, Ella J., g...
Bergen, Erna
Bergen, Hedwig,
Bergen, Max
Bergen, Sally
Bergen, Samuel
Bergenstein, Klar...
Bergenthal, Elsa
Bergenthal, Ernst
Bergenthal, Mina
Bergenthal, Nane...
Bergenthal, Regin...
Berger, Adelheid
Berger, Adolf
Berger, Adolf
Berger, Adolf
Berger, Adolf
Berger, Albert
Berger, Alexande...
Berger, Alfons
Berger, Alfred
Berger, Alfred
Berger, Alfred
Berger, Alfred
Berger, Amalie
Berger, Amanda,

Berkley, Philipp...
Berkman, Kurt
Berkmann, Kurt
Berkovics, Else...
Berkowicz, Berl
Berkowicz, David
Berkowicz, Emmi
Berkowicz, Franz...
Berkowicz, Herm...
Berkowicz, Karl
Berkowitz, Gertrud
Berkowitz, Jenny,
Berkowitz, Klara,
Berkowski, Samu...
Berl, Bella
Berl, Erna, geb.
Berl, Gertrud, geb...
Berla, Hans
Berla, Otto
Berla, Ruth
Berlak, Leo
Berlaova, Jenny,
Berle, Hedwig
Berlin, Albin
Berlin, Alfred
Berlin, Auguste
Berlin, Bernhard
Berlin, Denny
Berlin, Elli, geb.
Berlin, Erna, geb.
Berlin, Erwin
Berlin, Eva, geb.
Berlin, Fanny, geb...
Berlin, Flora, geb.
Berlin, Frieda, geb...
Berlin, Gertrud, g...
Berlin, Gertrud,
Berlin, Gudula
Berlin, Gustav
Berlin, Helene, geb...
Berlin, Hilde, geb.
Berlin, Hildegard
Berlin, Horst
Berlin, Ilse, geb.
Berlin, Irma
Berlin, Jeanette
Berlin, Josef
Berlin, Josef
Berlin, Kurt
Berlin, Leiser
Berlin, Lotte
Berlin, Malchen
Berlin, Max
Berlin, Max
Berlin, Paul
Berlin, Regina R. S...
Berlin, Ruth
Berlin, Ruth, geb.
Berlin, Sally
Berlin, Selma, geb...
Berlin, Sigismund
Berlin, Simon
Berlin, Wilhelm
Berlin, Wilhelmin...
Berliner, Edith
Berliner, Else
Berliner, Else
Berliner, Emmi, g...
Berliner, Erna, geb...
Berliner, Ernst
Berliner, Ester, ge...
Berliner, Eva

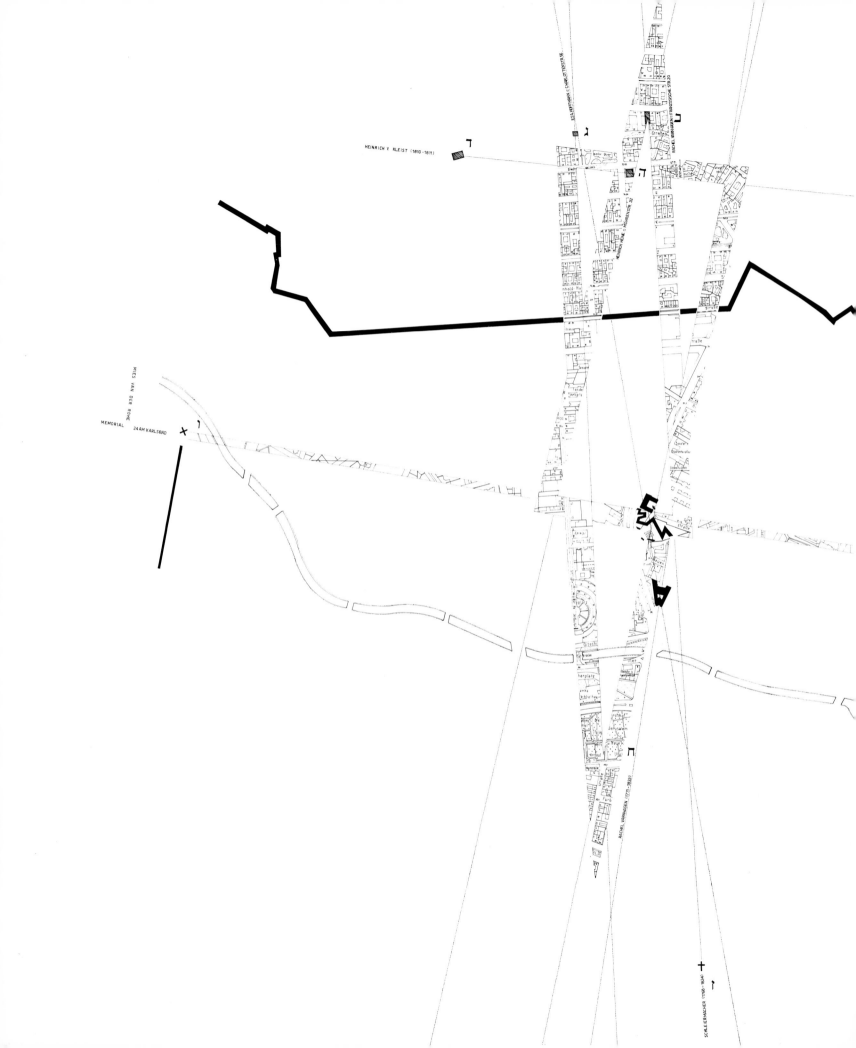

HEINRICH V. KLEIST (1810 - 1811)

MIES VAN DER ROHE

MEMORIAL   24 AM KARLSBAD

ETA HOFFMANN E CHARLOTTENSTR.56

RAHEL VARNHAGEN FRANZÖSISCHE STR.20

HEINRICH HEINE ≈ MOHRENSTR. 32

RAHEL VARNHAGEN (1777 - 1833)

SCHLEIERMACHER (1768 - 1834)

PAUL CELAN = 'ORANIENSTR.1'

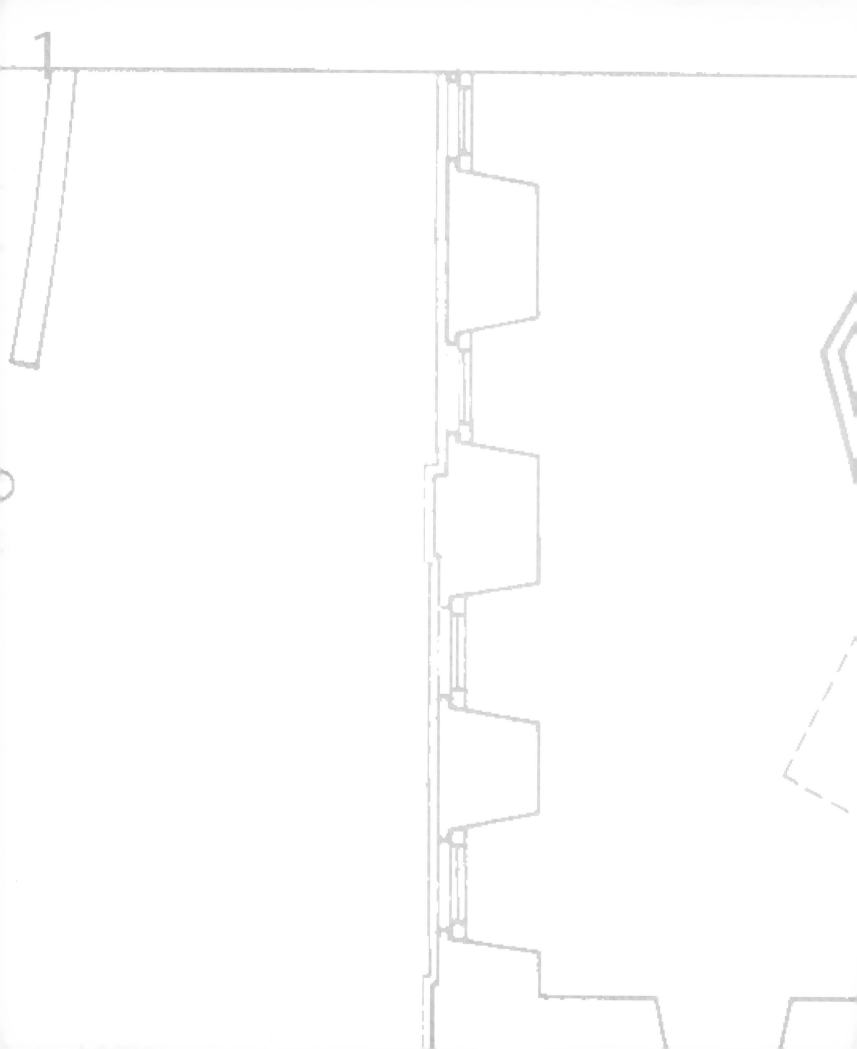

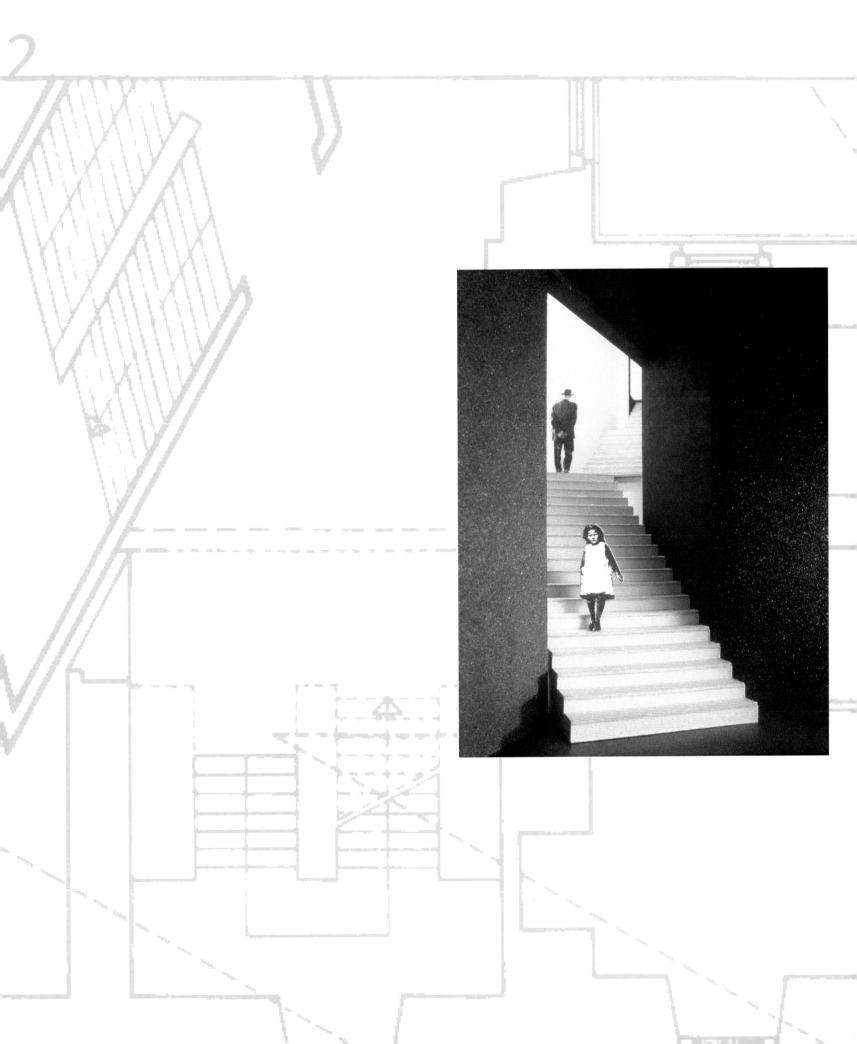

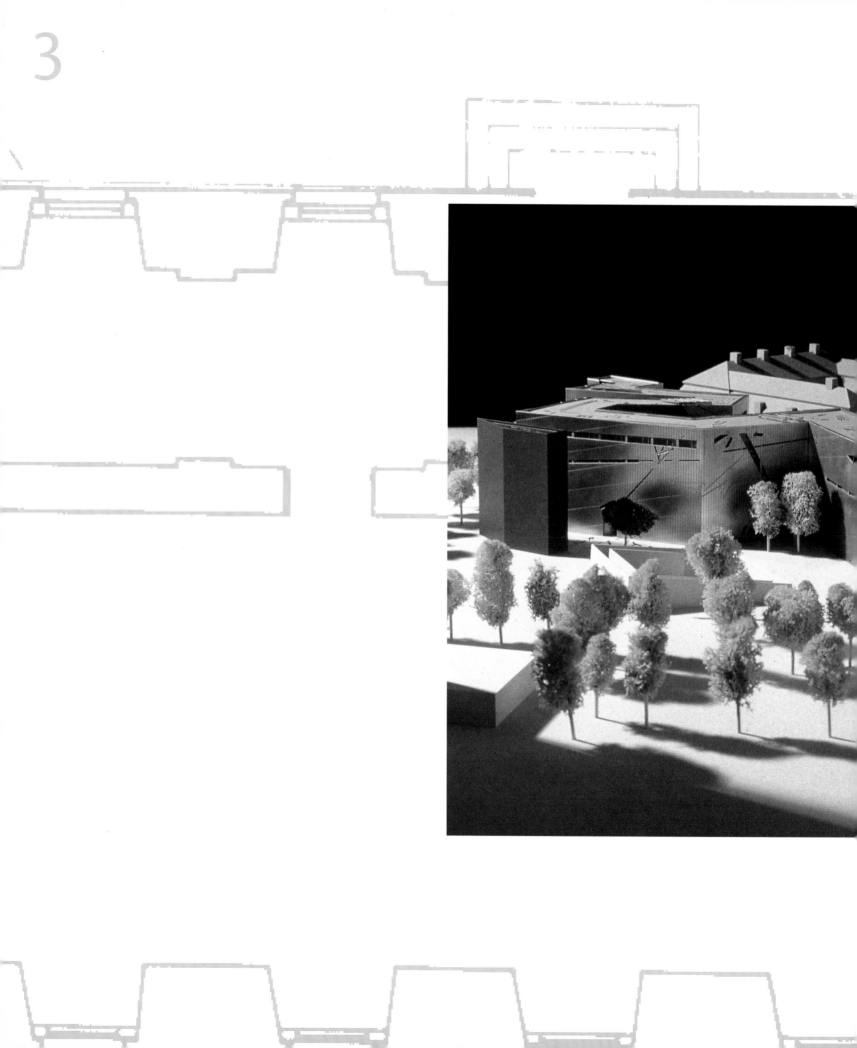

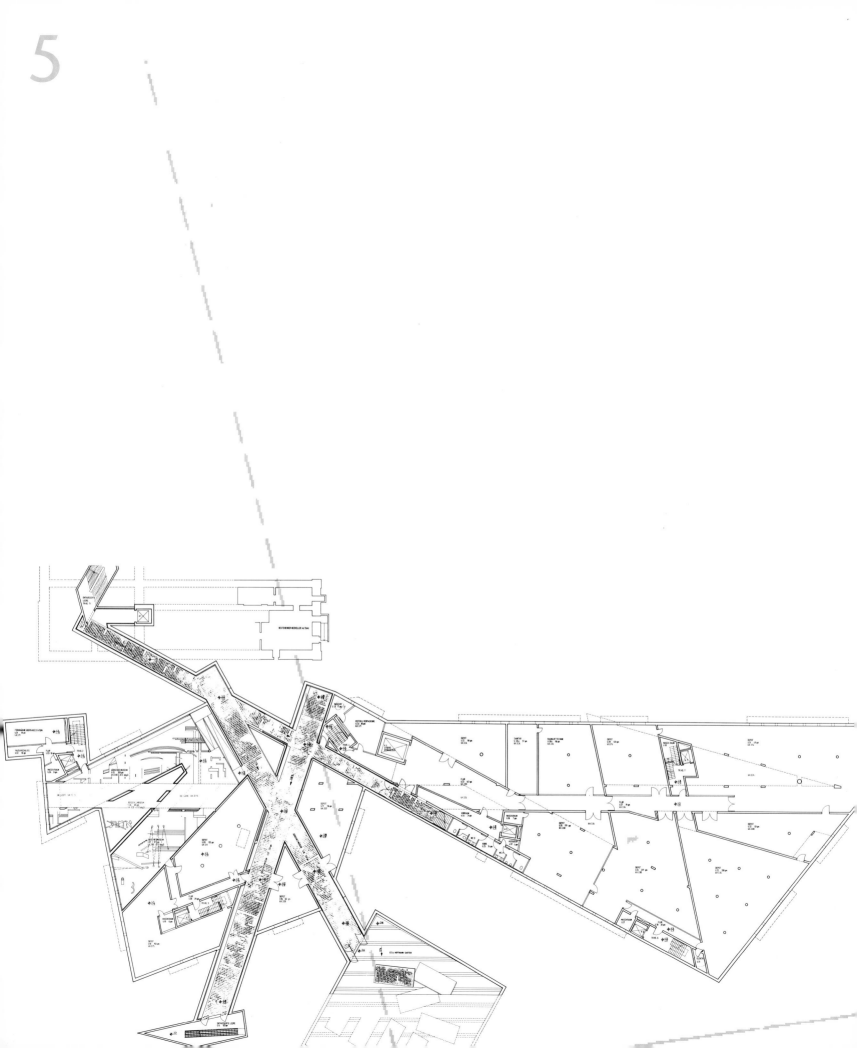

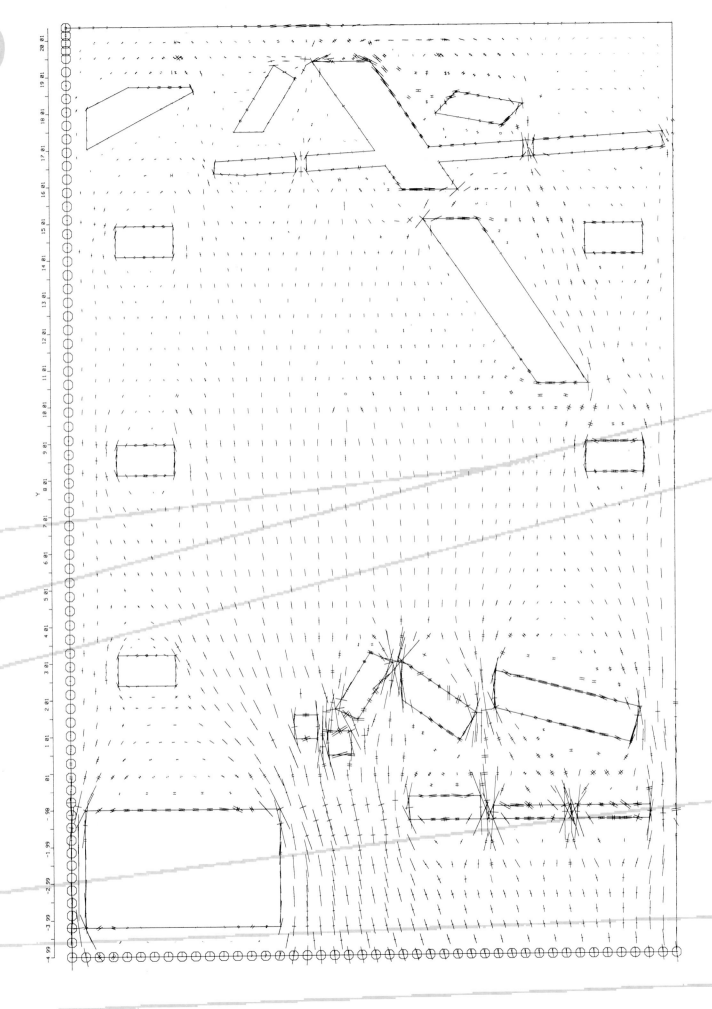

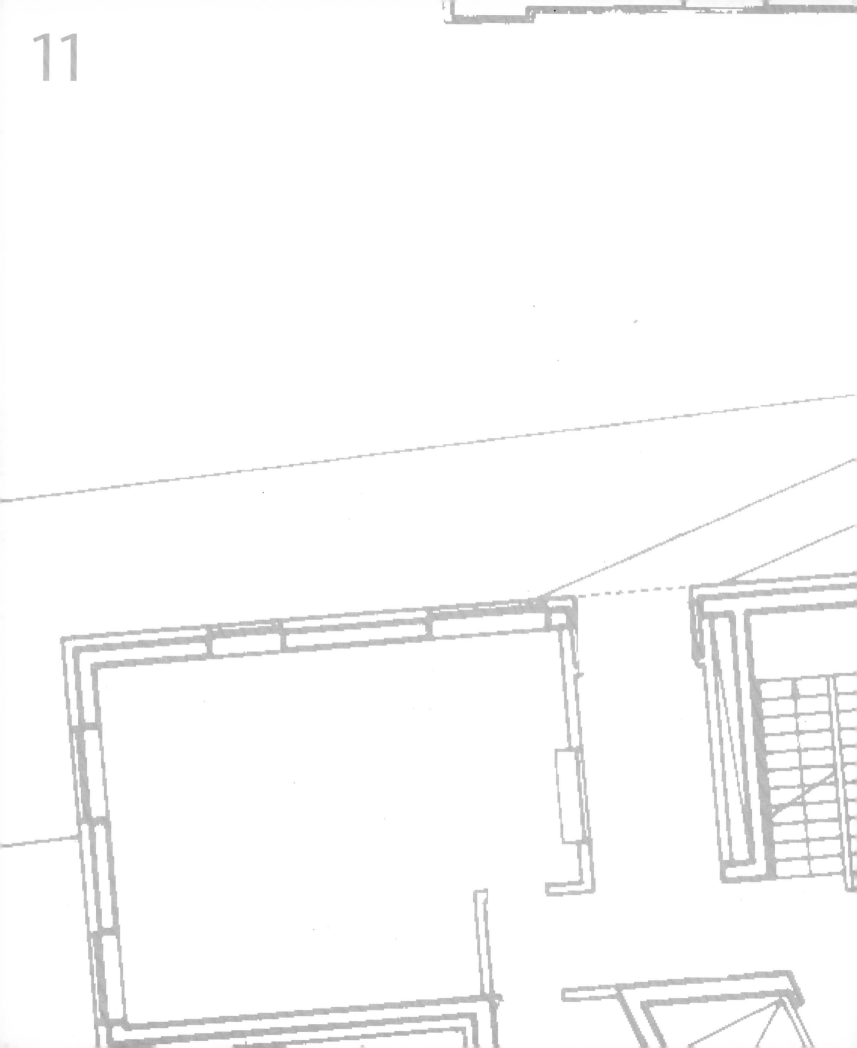

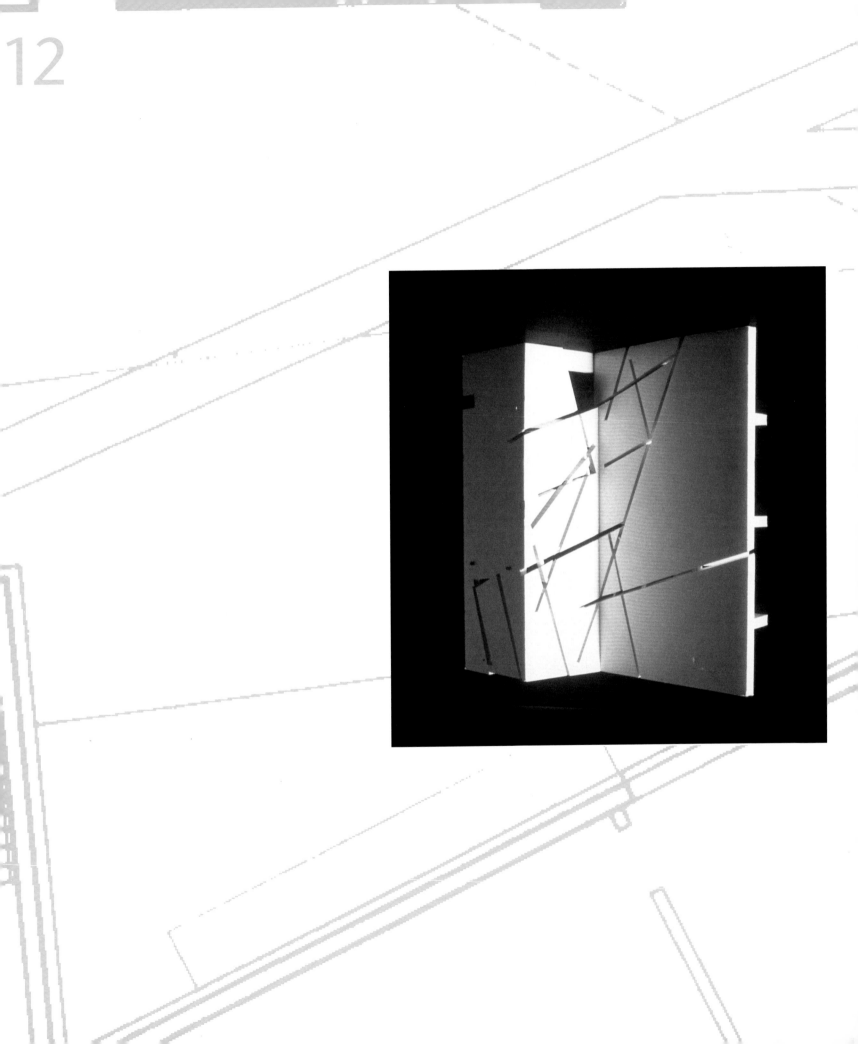

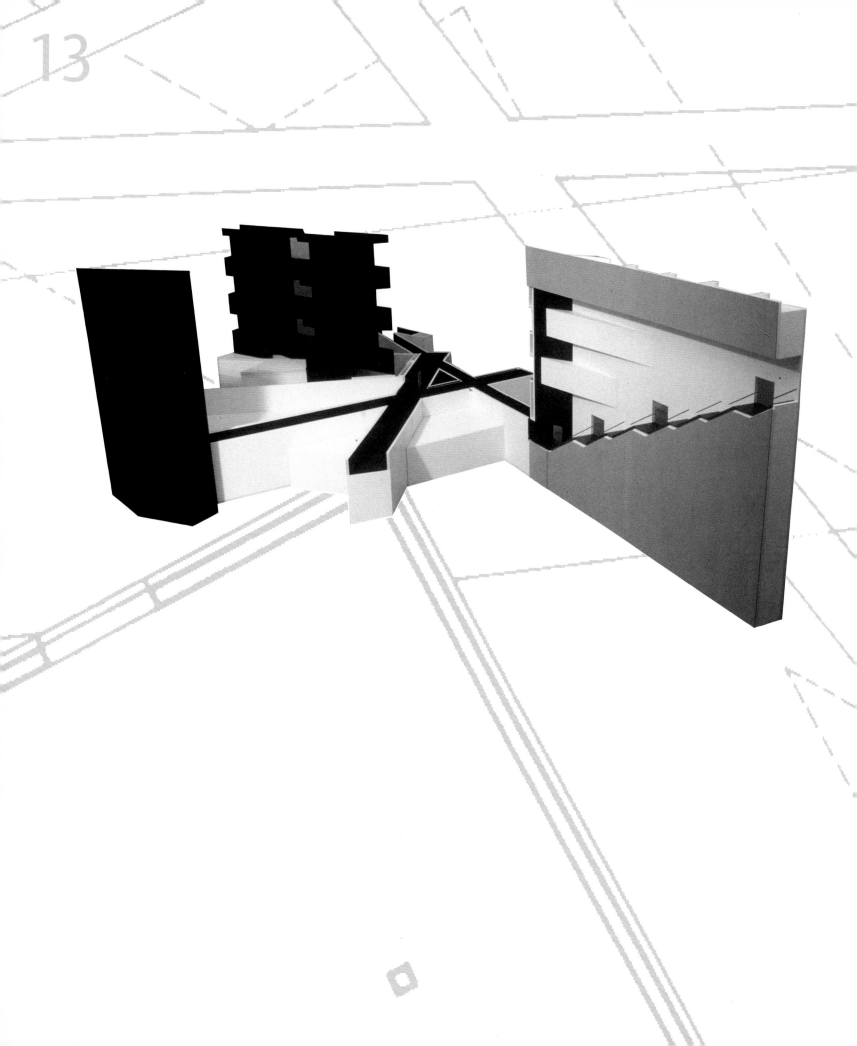

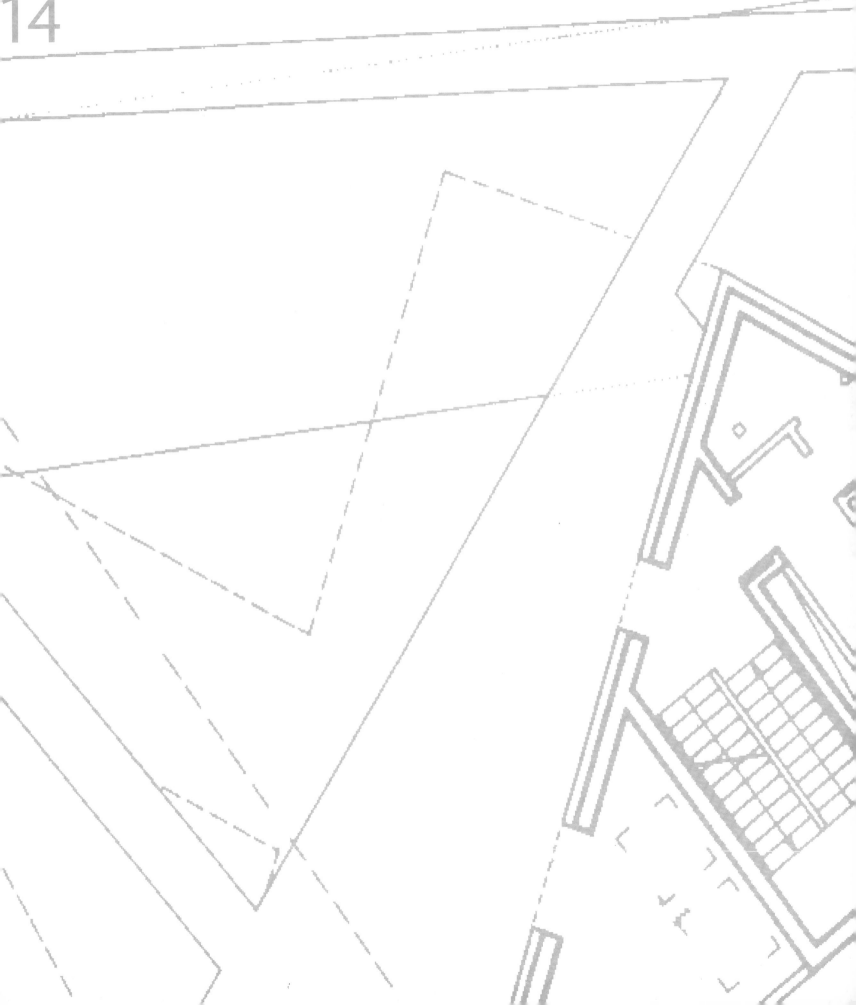

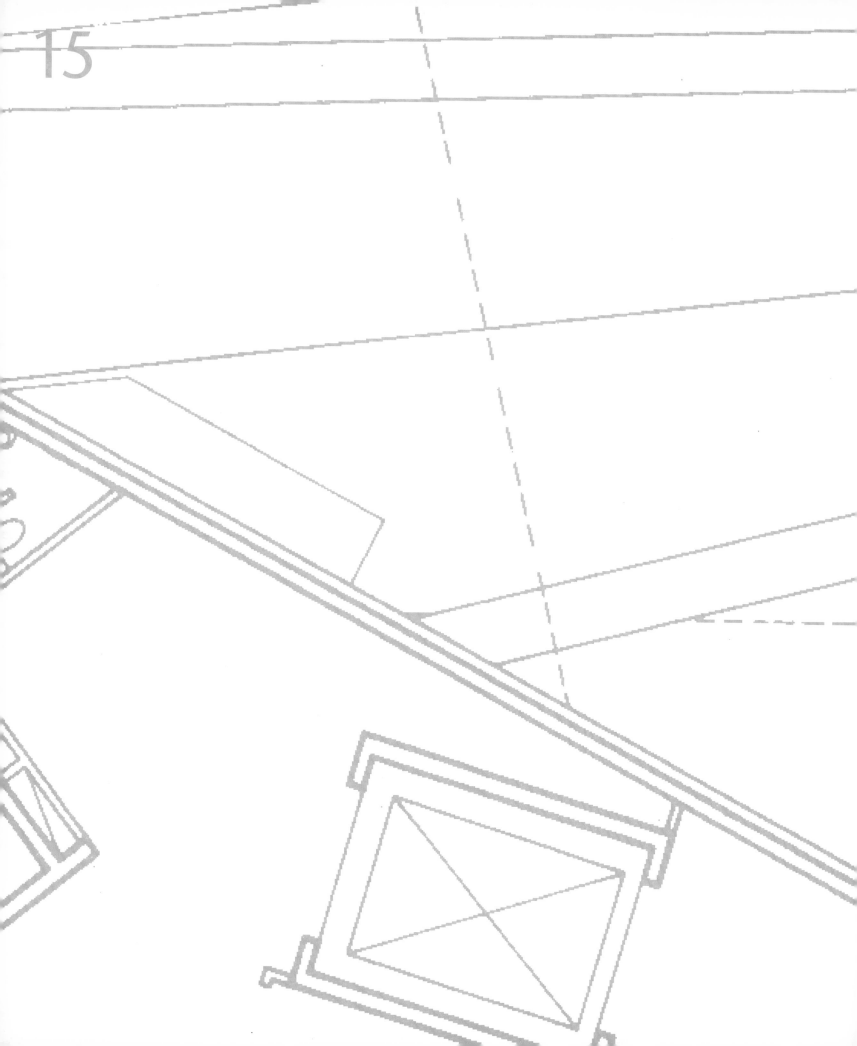

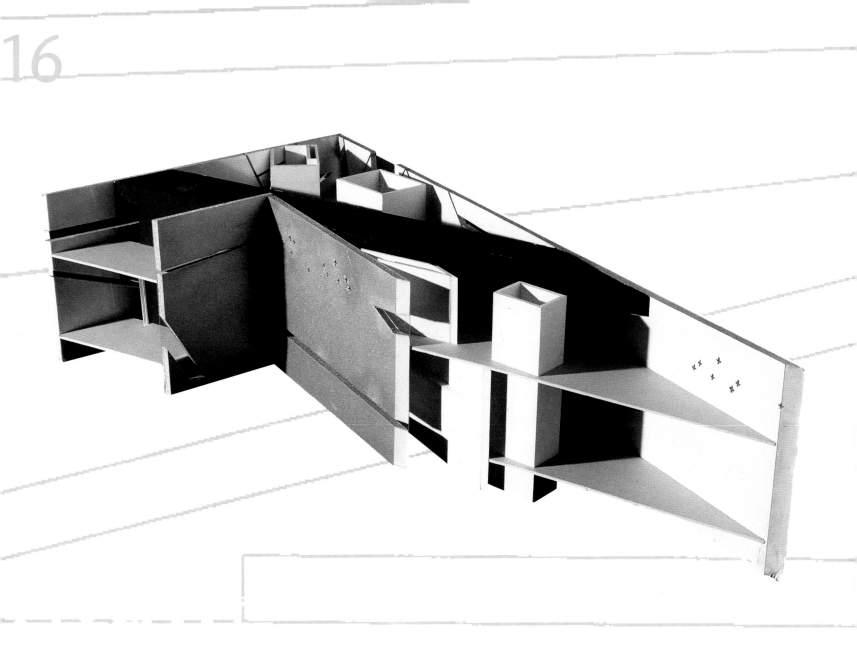

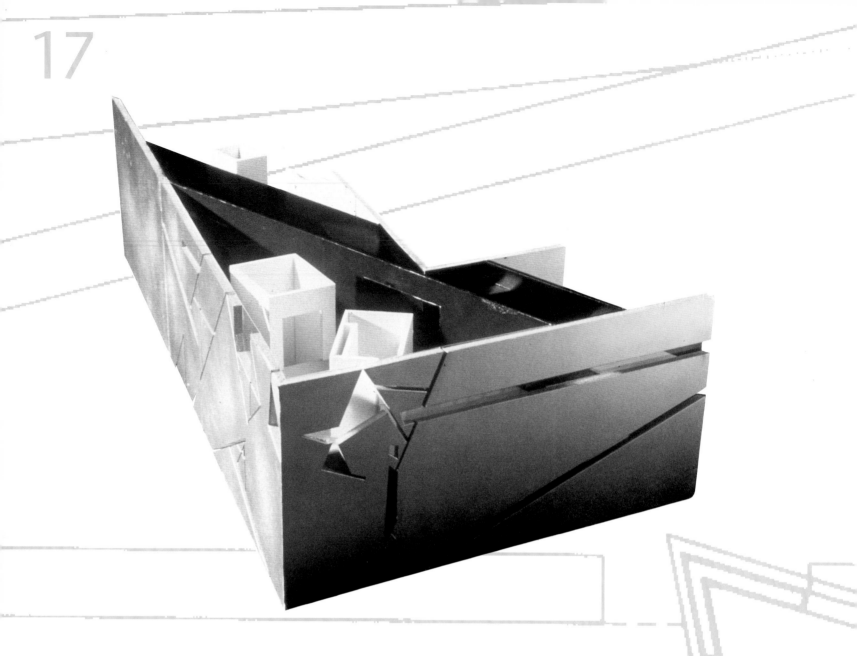

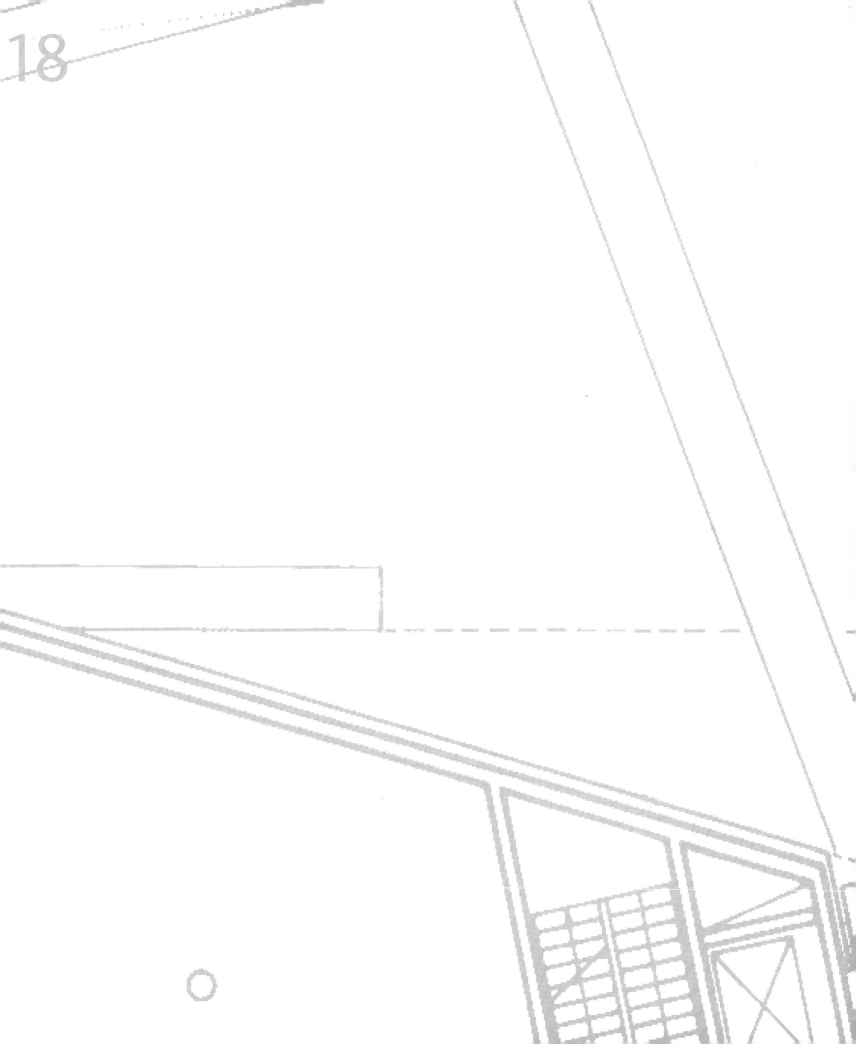

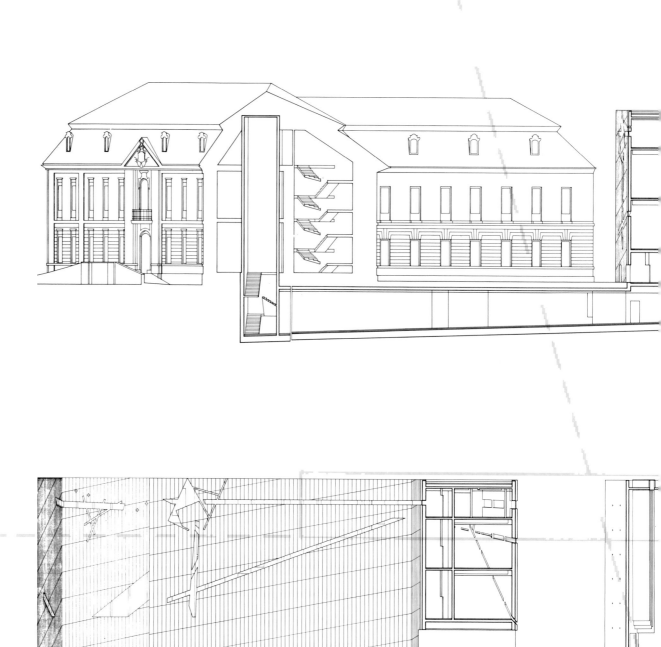

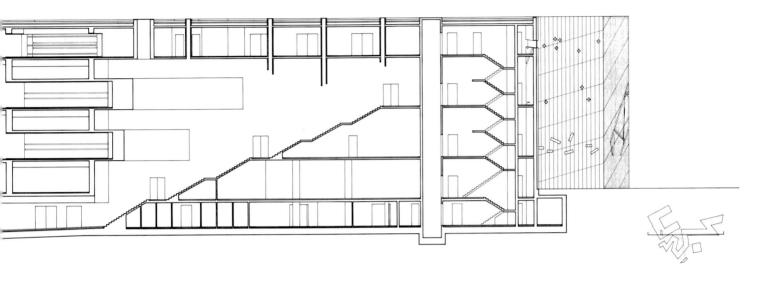

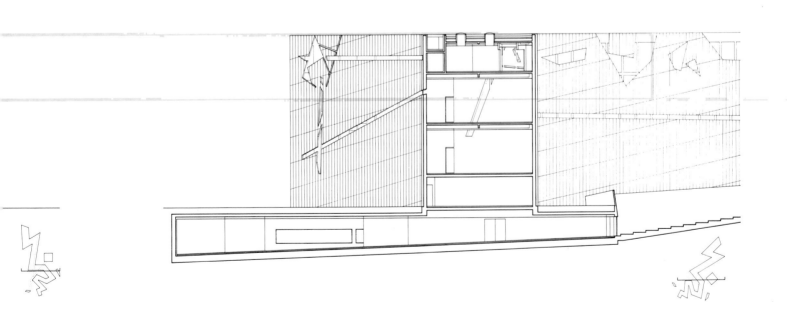

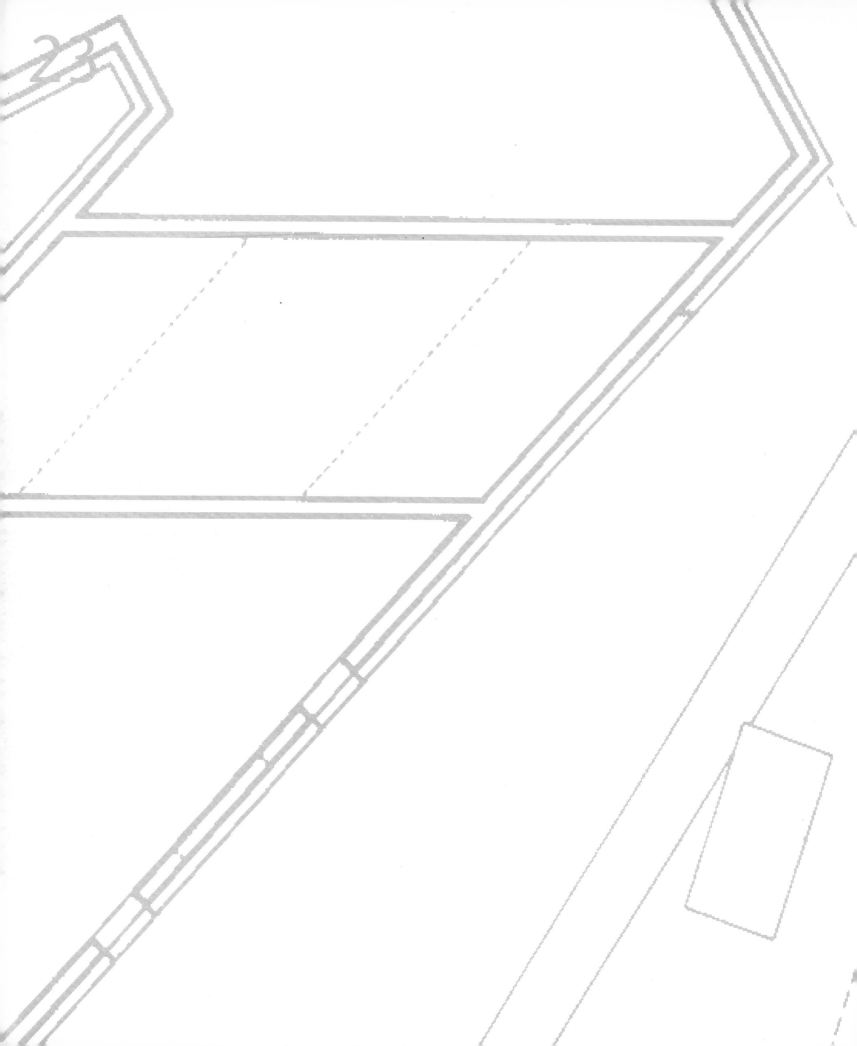

24

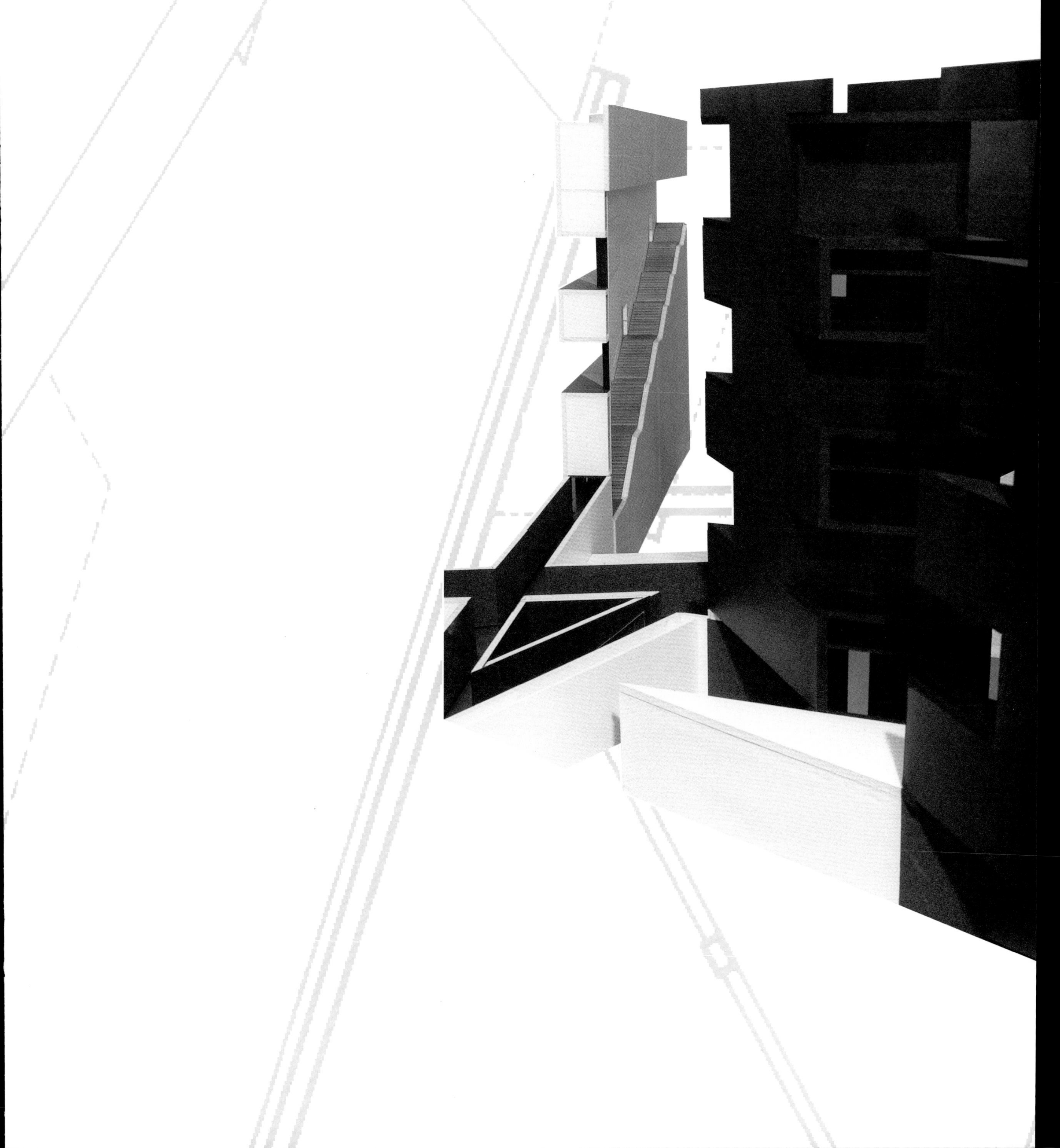

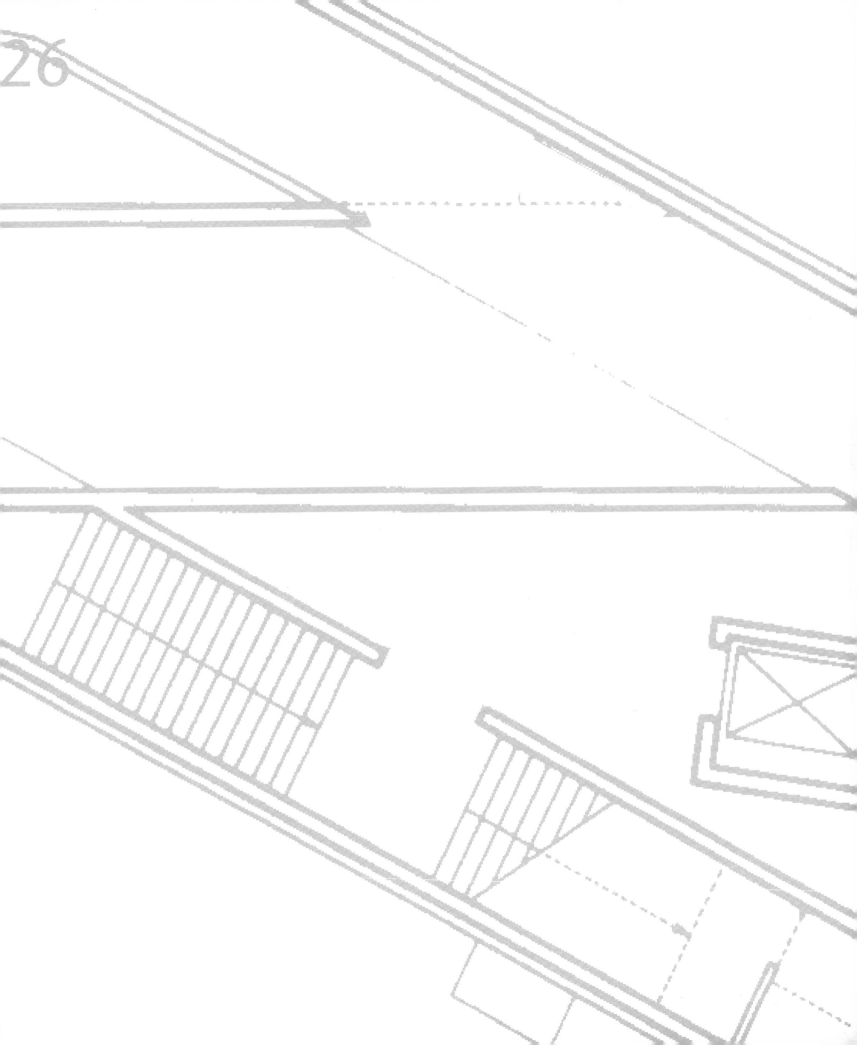

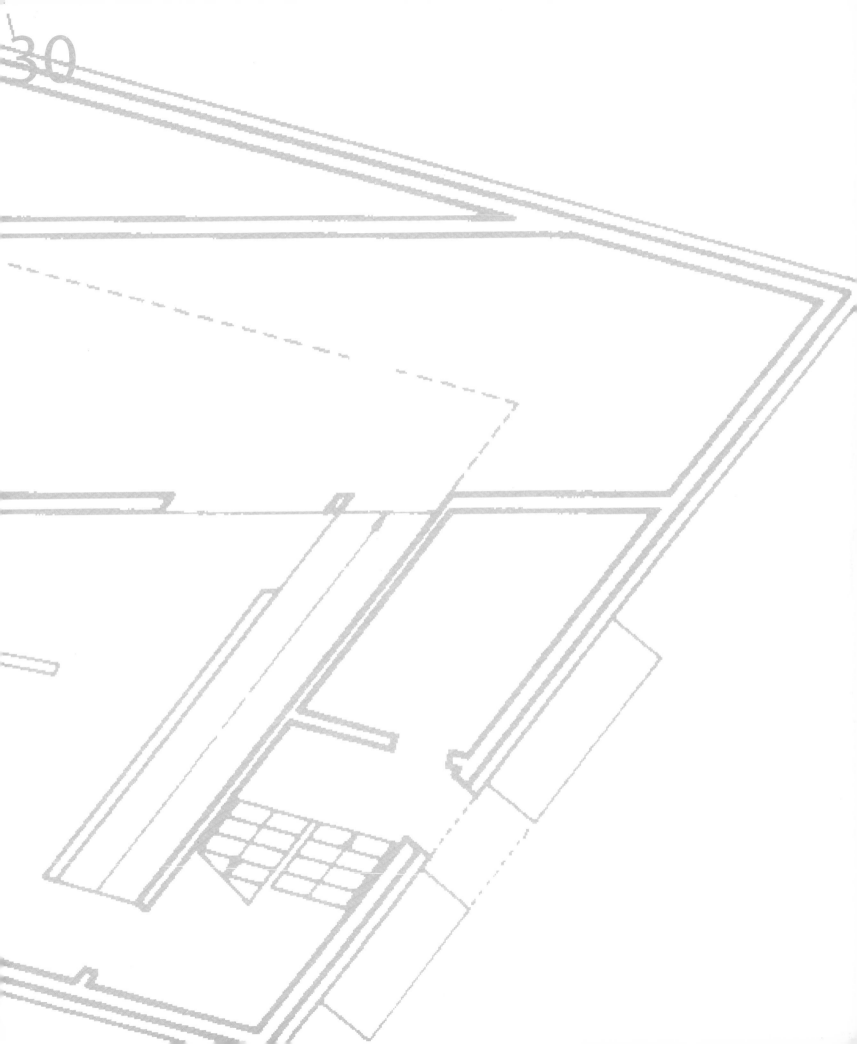

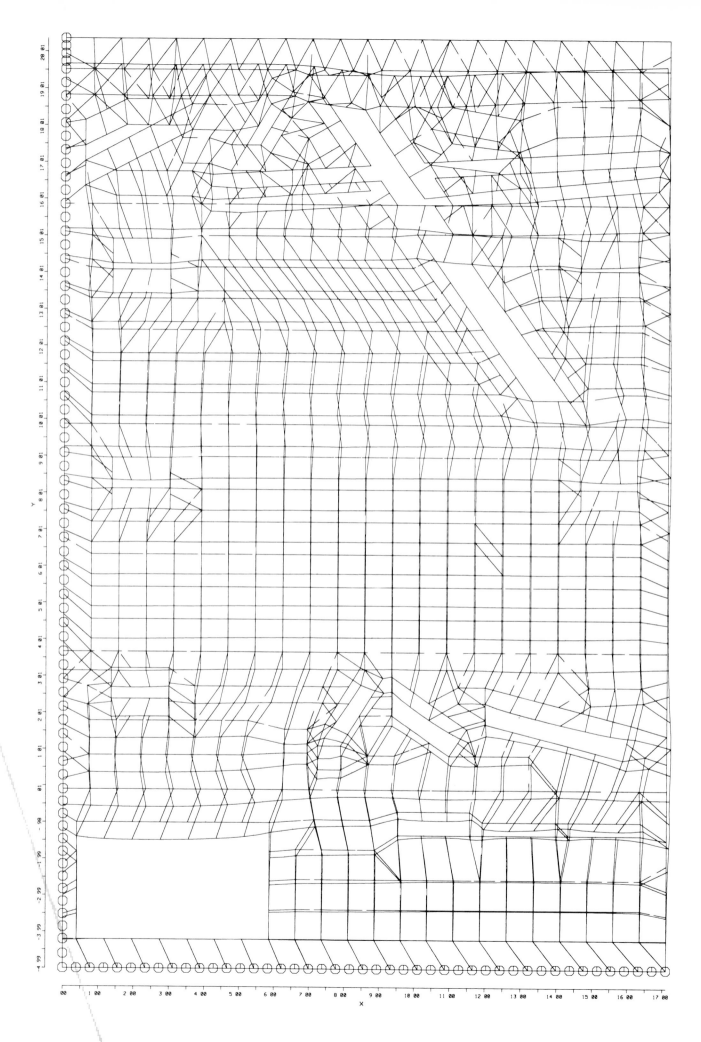

31

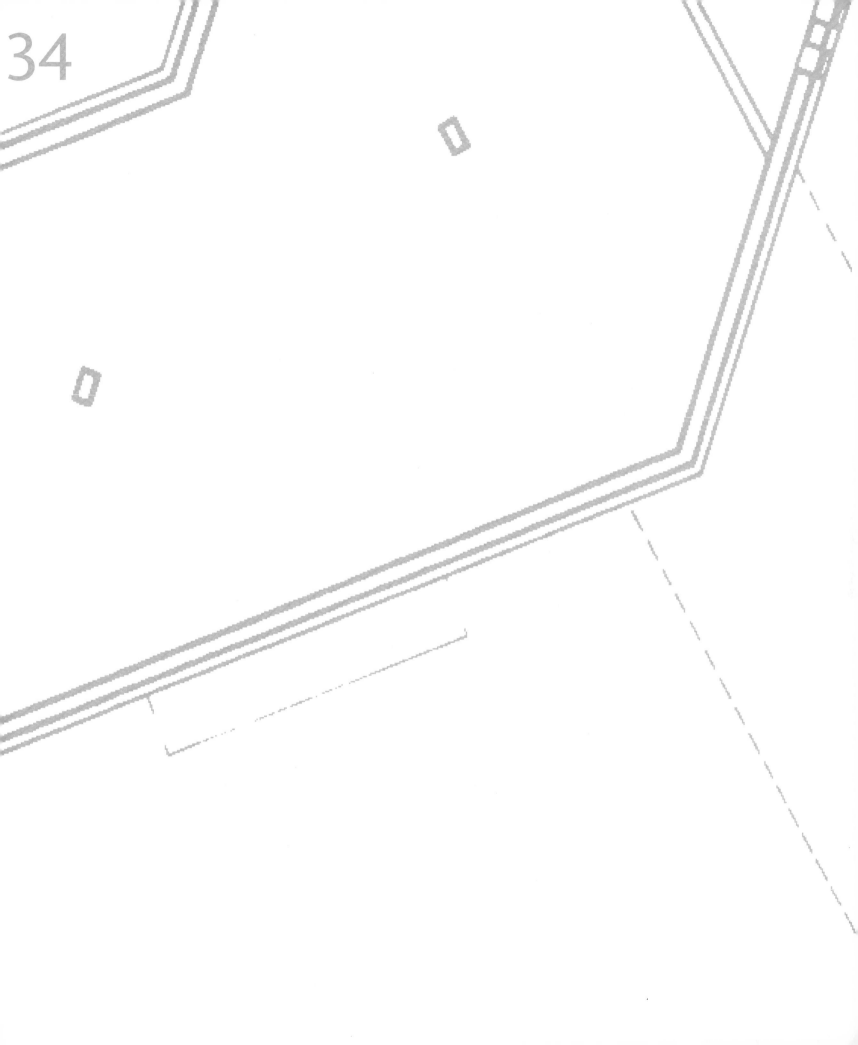

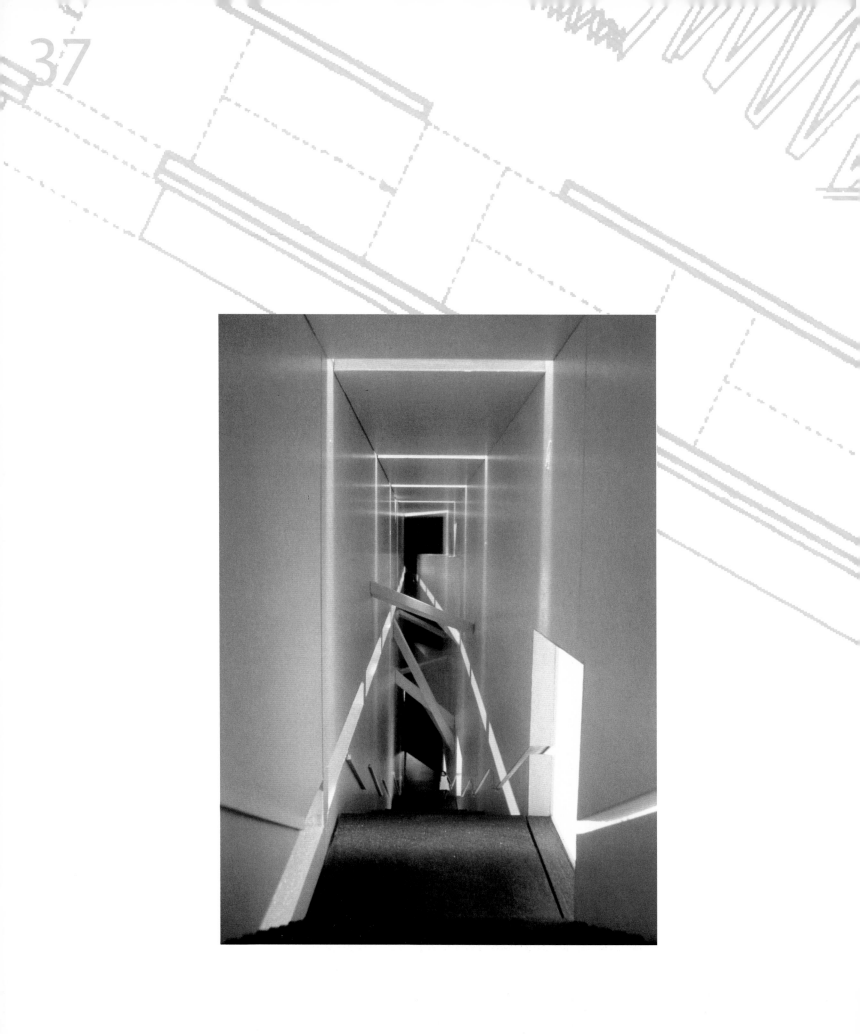

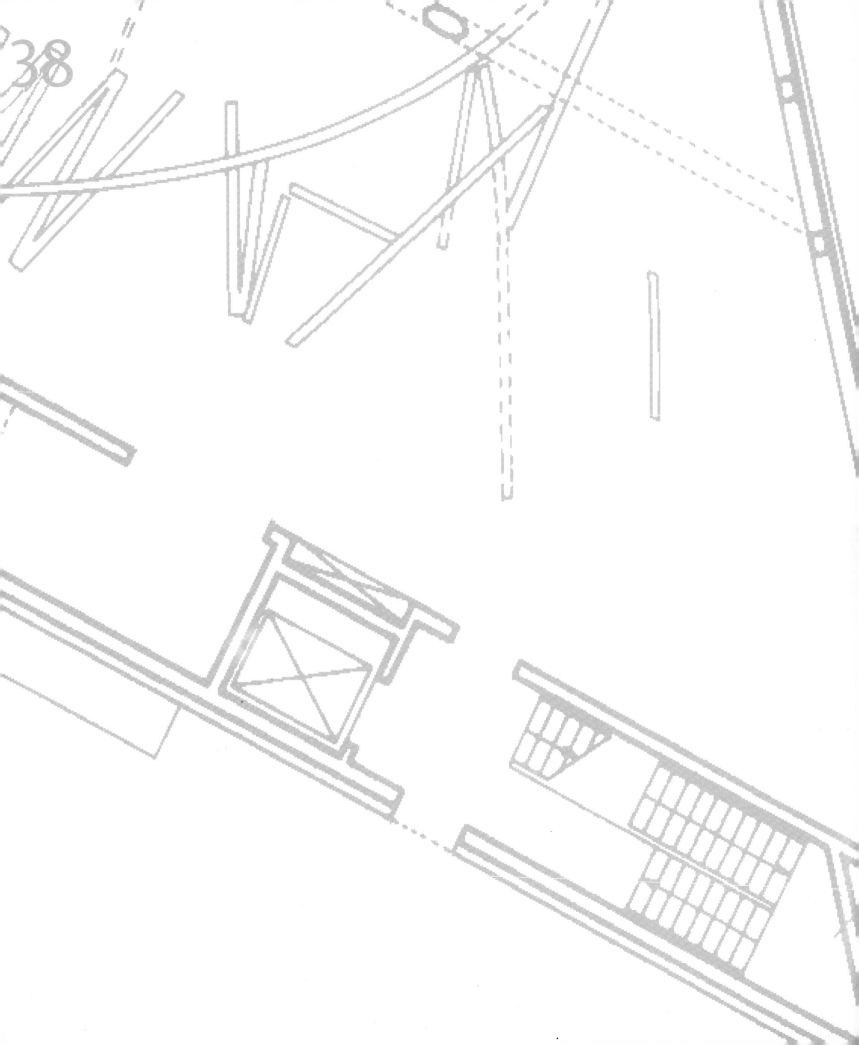

38

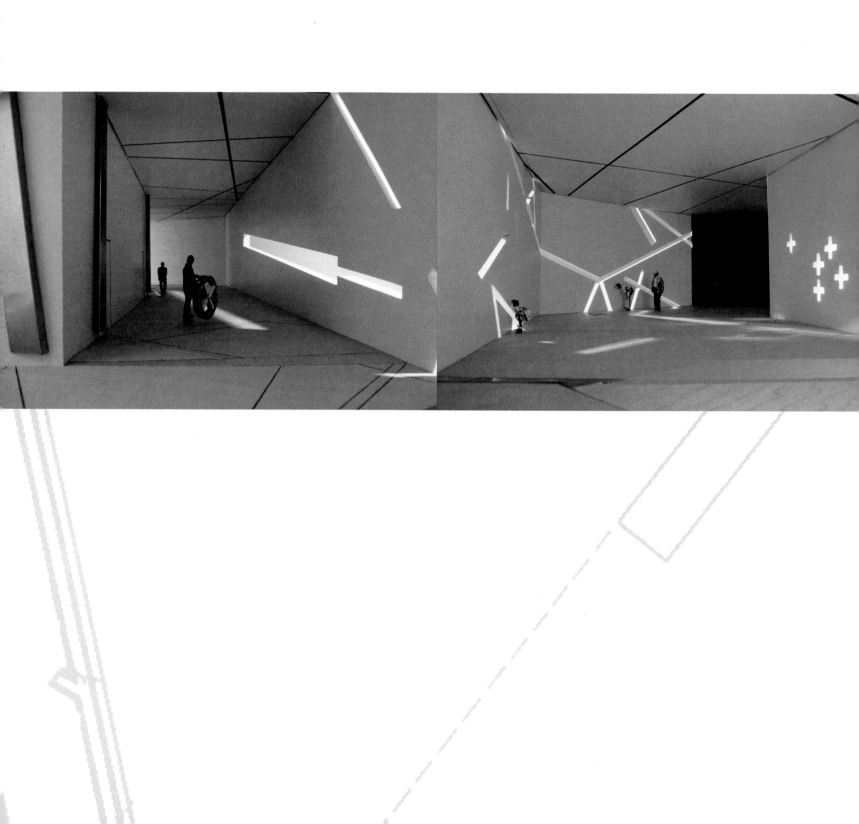

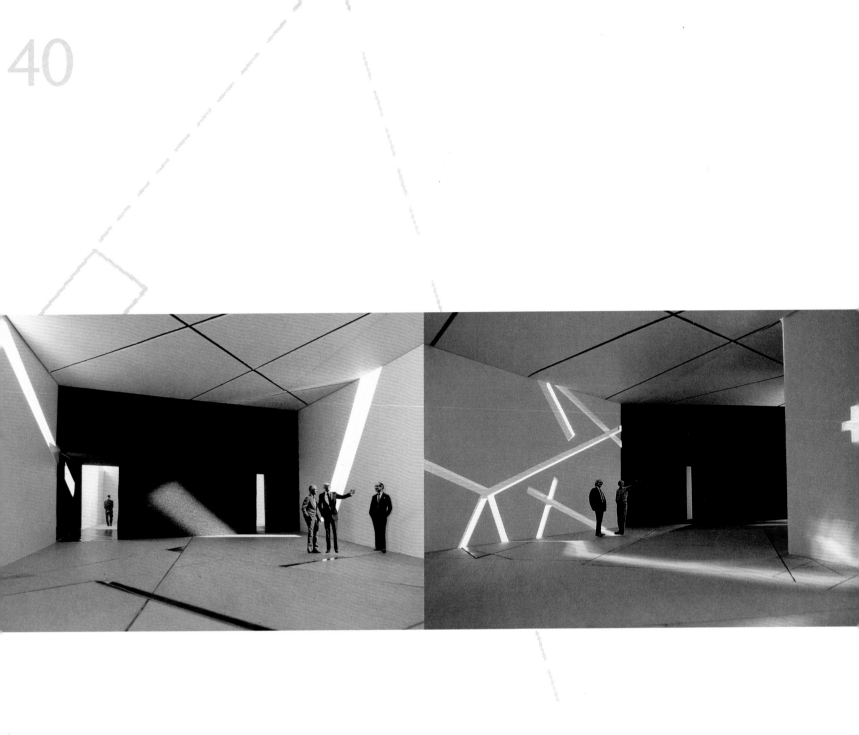

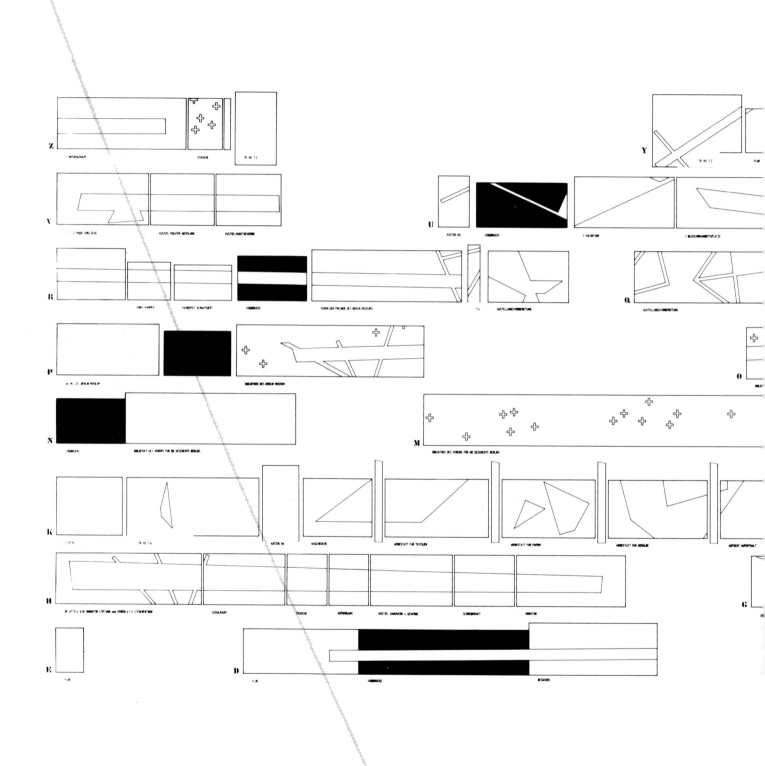

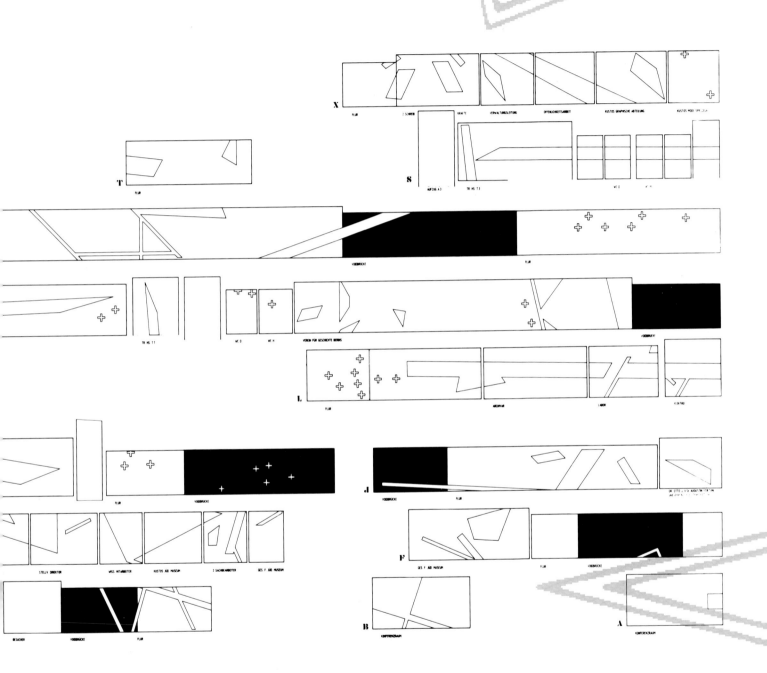

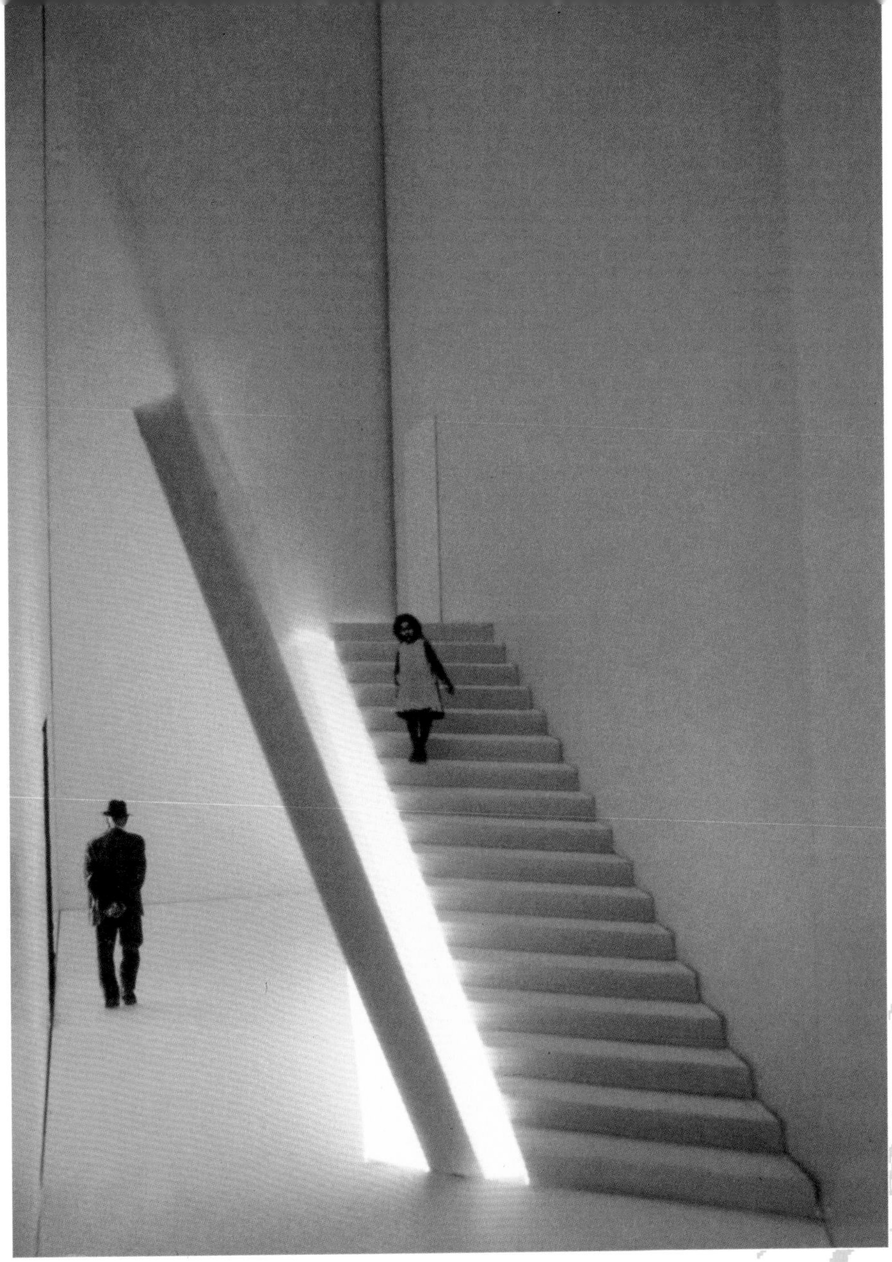

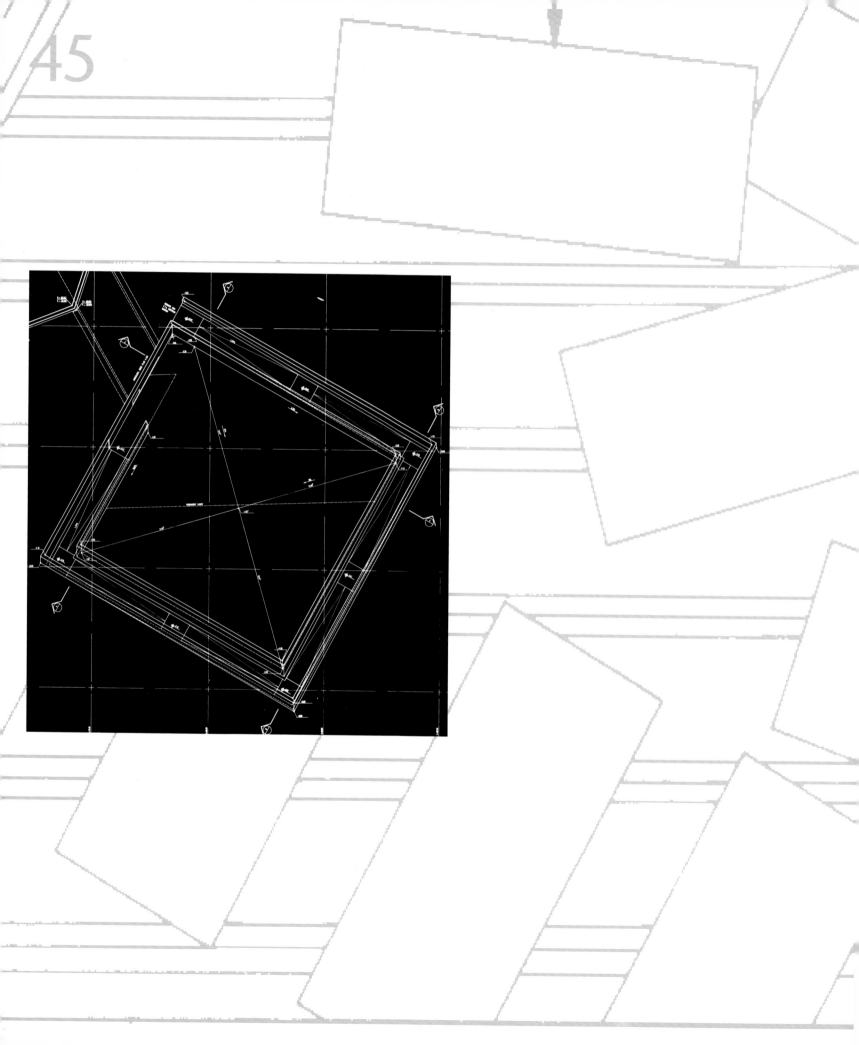

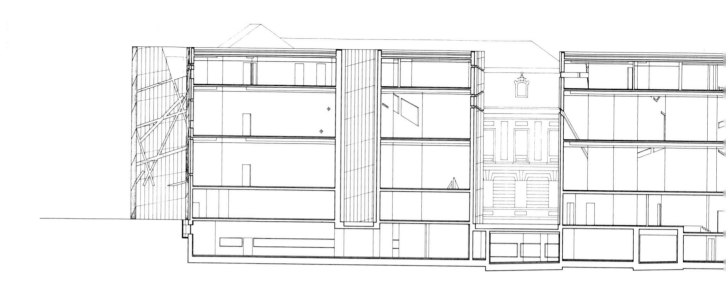

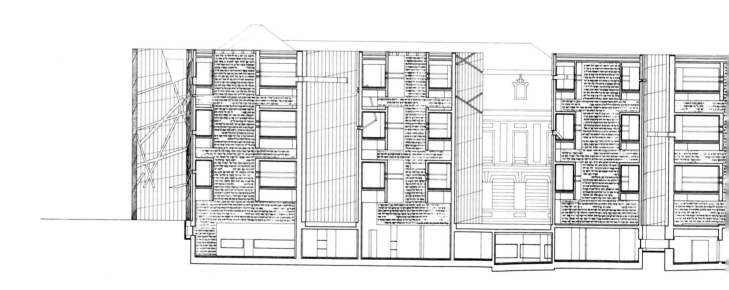

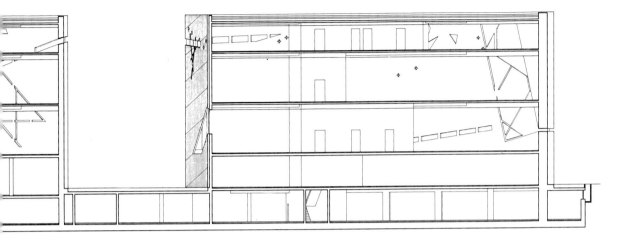

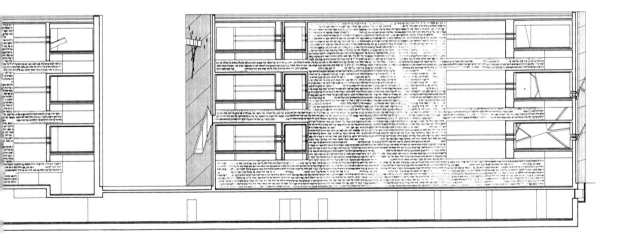

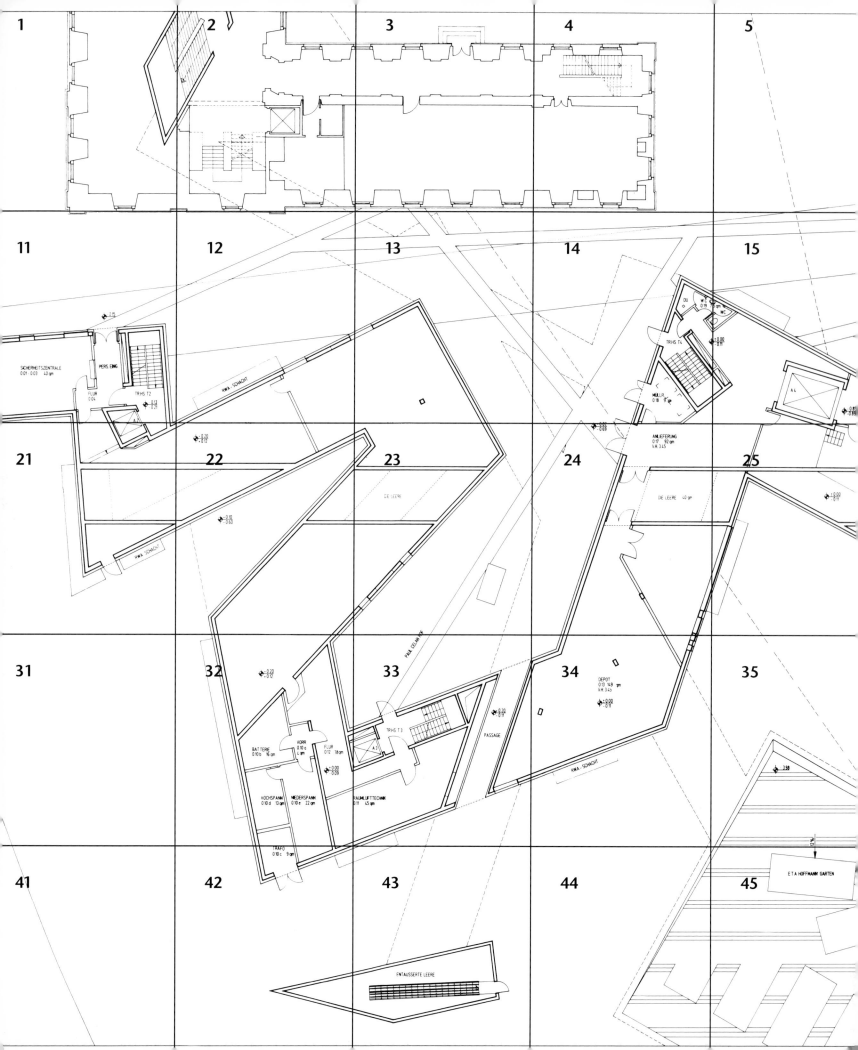

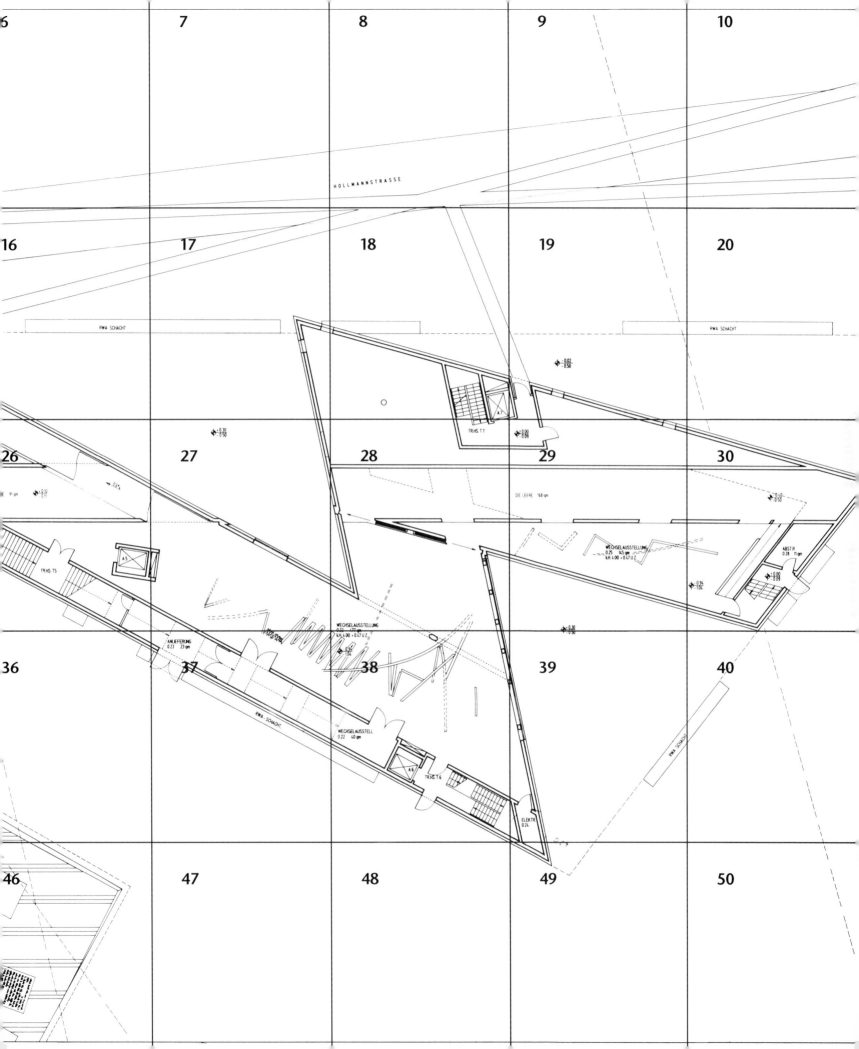

1 The figures in the models were used for scale purposes only.	**2** Voided void in the existing building	**3** South-East elevation	**4** South-East elevation	**5** Underground: Invisible Matrix
11	**12** Working model of West façade	**13** Voids, underground, axes and main staircase	**14**	**15**
21	**22** Exhibition space in the Jewish Department	**23**	**24** Voids, underground axes and main staircase	**25** Void bridge
31 Load case 1: Deflection contour	**32**	**33** Entrance from the axes	**34**	**35**
41 Interior wall elevations	**42** Interior wall elevations	**43**	**44** Voided Void	**45** E.T.A. Hoffmann garden

6	7	8	9	10
Underground: Invisible Matrix	Exhibition space in the Jewish Department	Axes in the underground		Load case 1: Stress resultant

16	17	18	19	20
Working model third section	Working model third section		cross-section through main entrance and axes	cross-section through main entrance and axes

26	27	28	29	30
	Model of main stair		Permanent exhibition space	

36	37	38	39	40
Main stair	Main stair		Permanent exhibition spaces	Permanent exhibition spaces

46	47	48	49	50
	Cross-sections through the Museum and the Void	Cross-sections through the Museum and the Void	North-east elevation	North-east elevation

של 60 אגפים בתוך הזיג-זג, כאשר כל אחד מהם מייצג את "תחנת הכוכב" המתוארת בטקסט של וולטר בנימין.

הבה ונסכם את המבנה המורכב מארבעה האספקטים: האספקט הראשון הינו הכוכב הבלתי נראה, המשולב באופן אי-רציונלי והזוהר באור הולך ונעלם של כתובות אישיות. השני הינו החתך של אקט II של משה ואהרון הנובע מתוך אי יכולת ההגשמה המוסיקלית של המילה. האספקט השלישי הינו זה הדן ביהודים שנעקרו או נעלמו מברלין. הרביעי הינו האפוקליפסה האורבנית המתוארת ביצירתו של וולטר בנימין רחוב חד-סיטרי.

במונחים מיקצועיים מדובר כאן בבניין רחב ידיים הכולל למעלה מ-10.000 מטרים ריבועיים. התקציב להקמת הבניין מגיע ל-120 מיליוני מרקים גרמניים. במכרז המקורי של עיצוב תכנית המתאר תוארו קירות משופעים, שיותר מאוחר החלטתי לוותר עליהם, מאחר והגעתי למסקנה שהפרוייקט היה חשוף בפני הסכיזופרניה הנובעת מצביונה הבילטרלי של העיר. על כן אמור המוזיאון להיות ממוקם ומעוצב בדרך אחרת, בעיר מאוחדת וללא חומות.

המוזיאון מורכב מ-:

23	זוויות	7	מבנים משופעים	1	הרחבה
24	קירות	8	מעברים תחתיים	2	בניינים
25	מפלסים	9	קירות ריקים	3	צורות מוחשיות
39	גשרים	10	חיבורים	4	מבנים מפוצלים
81	דלתות	11	קווים מקוריים	5	חללים ריקים
פחות מ-365	חלונות	12	גוונים	6	אגפים מרוקנים

הבניין החדש מתפתל מתחת לבניין הקיים, מתפצל ממנו והולך ומקבל צורה אל מחוצה לו. שני הבניינים מחוברים במעבר תת-קרקעי המורה על היידוק הקשר שבין הבניין החדש לבניין הישן עמוק באדמה, אך גם על שמירת מעמדם האוטונומי מעליה. מתוך הפרק האחרון של ההיסטוריה שאינו כולל דבר אחר מלבד שואה, הרס וחורבן ושחיקה מוחלטת של ההתפתחות החיונית של העיר מחד ושל האנושות מאידך; מתוך האירועים הללו אשר ערערו את מוסדות המקום הזה עולה דבר שלא ניתן לשחזרו באמצעות הארכיטקטורה. הפטליזם החקוק עמוק בעבר ובמערכת היחסים שבתרבות היהודית-גרמנית משוחזרים כאן כעולם בילתי נראה. (זהו אותו ניכור אשר בכוונתי להחדירו למודעות).

מעבר לזאת, יצאתי מנקודת הנחה שהמוזיאון בעיר כמו ברלין לא יהיה מיועד לתושביה הנוכחים בלבד, אלא גם ישא מסרים לתושביה בעבר ובעתיד באופן דימיוני או מטפיסי. המוזיאון חייב לשמש מקום בו כל תושבי ברלין יזהו בו את מורשתם. היות שהם כולם תושבי ברלין, היו כאלה או עתידים להמנות עליהם, יוכלו הם למצוא כאן בסיס לתקווה משותפת שהינה תכונה המושרשת עמוק בשאיפותיו של האדם. משום כך הגעתי למסקנה כי המוזיאון חייב לקבל תיכנון ועיצוב חדשים, על מנת לבלום את הפסיביות של קהל המבקרים במוזיאון. לדעתי, אין המוזיאון אמור לשקף את התרבות, אלא לדחות או למשוך את סקרנותם של קהל הצופים, ובכך לפתוח בפניהם את האפשרות להחליט איך, מתי ומה לעשות במוזיאון שהתפקיד המיוחד שלו הינו לתעד את ההיסטוריה של העיר מחד ומאידך לתת ביטוי

לסמל של גורל מיוחד. הרחבת המוזיאון ברלין במטרה לשכן בו את המוזיאון ליהדות הינה, אם כן, נסיון לתת בת קול לגורל מוכר הידוע ליהודים, ללא-יהודים, לברלינאים, ללא-ברלינאים, לאלו החיים בחו"ל ולאלו שכאן הוא ביתם, לאלו בגלות ולאלו החיים במקומות מנותקים, לשפויים ולבילתי שפויים, לנבחרים ולנדכאים, לרמי הקול ולשלווים.

ההרחבה החדשה של הבניין תוכננה ועוצבה כסמל של הבילתי-נראה – סמל המשתקף כריקות, כעצם בילתי-נראה. הרעיון פשוט בעיקרו: לבנות את המוזיאון מסביב לריקות החוצה אותו לאורכו, ובכך להפוך לחלק מחוויית המבקרים בו. בבואנו לבחון את הדברים המוחשיים נוכח כי מעט מאד נותר מנוכחות היהודים בעיר – מימצאים פשוטים, מסמכים, חומרי ארכיונים מוצגים המצביעים יותר על העדרות מאשר על נוכחות. עובדה זו הובילה אותי למסקנה כי ה-"ריקות" החודרת לתוככי התרבות הברלינאית חייבת להיות מובלטת ומוחשית. היא אמורה להיות התכונה המיבנית המתגבשת והולכת בנוף המיוחד של העיר והמונחת חשופה במבנה ארכיטקטוני, אשר בו דברים נטולי-שם הופכים לניצחיים משום שדברים מוגדרים נותרים חסרי הבעה.

הפרוייקט מבקש לחבר מחדש פרק זה של ההיסטוריה לברלין ואת ברלין להיסטוריה המחוקה שלה, שאין להכחישה, לעקרה או לשכחה. כאן ביקשתי לפרש מחדש את המימד שנראה בעיני כמימד בילעדי של ברלין ולהפכו לדבר מוחשי.

במסגרת פיתוח העיר הוצבה המטרה להעניק ערך חדש לקונטקסט הקיים, היינו, לקונטקסט ההיסטורי על ידי הפיכת שדה החיים האורבני לעולם פתוח, אשר הייתי רוצה לכנותו 'מטריצה עתירת תקוות'. הסקיצה של הרחבת המוזיאון מאופיינת, על כן, על ידי שרשרת של טרנספורמציות מוחשיות או מרומזות של המראה כולו. הקומפקטיות של מערכת הרחובות המסורתיים משתחררת אט אט ממקורה הברוקי ומתקשרת בקו אלכסוני לצד השינויים שנעשו בבניין בשנות השישים כולל הפרוייקט החדש של IBA.

מוזיאון ליהדות בברלין מהווה דילמה תרבותית בפני עצמה שניתן להגדירה כבעיה של האנושות האוונט-גארדיסטית. אוונט-גארד שנשתתק ונבלע אל תוך ההיסטוריה שלו הוא. במובן זה מתקשרת סכימה זו לארכיטקטורה בנושאים שהינם רלוונטיים לאנושות כולה. ברצוני לומר כי ההיסטוריה היהודית בברלין אינה ניתנת להפרדה מהיסטוריה של העולם המודרני וממגורל מחיקתה. נהפוך הוא – הם הקשורים ומחוברים יחדיו. ברם, הם אינם קשורים על ידי דברים מוחשיים וברורים, אלא על ידי התמוטטות ההיסטוריה והעדרותם של הארטיפקטים. העדרות זו משמשת כאן כחוליה מקשרת ובדרך שונה לחלוטין, שכן, היא מקשרת את התקווה המשותפת לכל בני האדם.

תפישה זו נוגדת לגישה הממעיטה מערכם של המוזיאון והארכיטקטורה כאתר זיכרון מנוכר או כניכור מונצח. היפוכו של דבר – זוהי תפישה האמורה לשלב את ההיסטוריה של היהודים בזו של העיר דרך הפצע הניצחי של הגורל, אשר תואר במכתבי העברים כ-: "תוכן כל תקוות האדם והוכחה לקיומם של דברים בילתי נראים" (מכתבי העברים, הברית החדשה, 11:1).

שמו הרשמי של הפרוייקט הינו "הרחבת מוזיאון ברלין על ידי הוספת האגף - מוזיאון ליהדות". ברם, החלטתי לכנותו "בין הקווים", מאחר ובעיני קיבל הדבר משמעות של שני קווים, שני זרמי מחשבה, ארגון ויחסים. הקו האחד הינו קו ישר, אך מחולק להרבה שברים. הקו השני הינו קו עקלקל, המתארך ללא סוף. שני הקווים הללו מתפתחים באופן ארכיטקטוני ופרוגרמטי האחד במקביל לשני על בסיס דיאלוג מותחם ומוגדר. אולם שניהם נפרדים ומתפצלים האחד ממשנהו באופן בו הם נראים כשתי יחידות נפרדות. בדרך זו הם מציגים את ה-"ריקות" החוצה את מבנה המוזיאון ואת הארכיטקטורה בכלל זה. ריקות שהינה רבת קיטועים.

לדבר על הארכיטקטורה (או על ברלין ועל מצבה הנוכחי) - משמיע הדבר לדבר על פרדיגמה של אי-רציונליות. לדעתי, יש למיטב היצירה של רוח האדם המודרני תכונה של אי-רציונליות, בעוד כל אשר שורד בעולמנו, כל השולט ואף הורג עושה מלאכתו תמיד בשם הרציונליות. אי-רציונליות במובן של אי-התחלת הפרוייקט שימשה, אם כן, כנקודת המוצא שלי. בהתאם לכך שמשה ברלין לא רק כמימד פיסי בלבד, אלא גם כמימד רוחני.

המיקום נקבע בלב ברלין העתיקה בקרבת צומת הרחובות וילהלם-שטראסה, פרידריך-שטראסה ולינדן-שטראסה. צומת, המפורסם בגין סגנון הברוק המאפיין אותו. בעבר התגוררו בסביבות הלינדן-שטראסה מספר רב של יהודים וגרמנים ידועי שם. יהודים וגרמנים. כולם ברלינאים. אנשים שתרמו רבות לתרבות המוכרת לנו כתרבות "ברלינאית". יחד עם זאת, נוכחתי לדעת כי החתך הפיסי של ברלין לא היה החתך הבילעדי. בנוסף לו היתה גם המטריצה הבילתי נראית או השתלשלות של מערכת הקשרים האנושיים, שלבסוף עלה בידי לעמוד על טיבה. זוהי מערכת הקשרים בין אנשי-רוח גרמנים ויהודים, בין ההיסטוריה של העיר ובין ההיסטוריה של יהודים בברלין בפרט ובגרמניה בכלל. כך גם נוכחתי לדעת כי בני אדם מסויימים כמו מספר סופרים, מדענים, מוסיקאים, אמנים ומשוררים מהווים את חוליות הקישור בין המסורת היהודית לתרבות הגרמנית. הבנת מהות הקשרים הללו שמשה כבסיס למטריצה אי-רציונלית באופיה המורכבת ממערכת של משולשים משולבים אשר מורים על הסימליות של כוכב פחוס ומעוות: התלאי הצהוב אשר נישא לעיתים קרובות במקום זה.

על כן יצאתי לחפש ולהתחקות אחר כתובותיהם של ברלינאים כגון היינריך פון קלייסט, היינריך היינה ורחל פארנהאגן וברלינאים מתקופה יותר מאוחרת כגון ארנולד שונברג, פאול צלאן וולטר בנימין. מובן מאליו שאין מקום מגוריהם מהווה גורם חשוב בהיסטוריה של העיר, שכן אין כל חשיבות למקומות האנונימיים הללו. על כל פנים, חיפשתי ומצאתי אותם. ואז הופתעתי לגלות כי לא היה כל קשה לחקור ולדרוש אחר המסר התרבותי שאנשים אלה הותירו אחריהם. הם יצרו מערכת אורבנית-תרבותית מיוחדת של היסטוריה אוניברסלית. היבט זה משמש עבורי כאספקט ראשון של הפרוייקט.

האספקט השני של הפרוייקט הינו מוסיקלי באופיו. משה ואהרון - האופרה הבילתי גמורה של שונברג הרשימה אותי מאז ומתמיד. הדבר המעניין ביצירה זו אינו מסתכם בעובדה שהשם (Moses and Aron) כולל שתים עשרה אותיות ובנוסף לכך אספקטים וצירופים אחרים, אלא גם בא לידי ביטוי בכך ששונברג החל לכתוב את האופרה בברלין ולא זכה להשלימה. הוא הצליח לחבר רק את אקט I ו II-I. לא זו בלבד שלא היתה לו האישרה להשלים את כתיבת אקט III, אם ניתן בכלל לפרש זאת כך, אלא שכל המבנה המוסיקלי נבלם בנקודה מסויימת, דבר שמנע ממנו את האפשרות להמשיך את חיבור הטקסט של האופרה. העובדה שגאון כמו שונברג עם אינטלקט וכישרון של מחבר מוסיקה כמותו לא יכל לכתוב את אקט III הפליאה אותי עד מאד. על כן החלטתי להוציא את התקליטים ולהאזין לליברטו. זהו הדו-שיח בין אהרון למשה, בין האמת המדוברת שרווחה בקרב ההמון והאמת של ההתגלות שאין לחדור לעומקה. אהרון מביע את רצונו לשוחח עם המון העם, להובילם לארץ המובטחת, ומשה עצמו אינו מסוגל להעביר את המסר של התגלות השכינה על ידי צלם כלשהו, בדיוק באותה מידה שבה אין להעביר את המסר המוסיקלי במקרה של שונברג. הוויכוח בין אהרון למשה מסתיים עם יציאת אהרון מהבימה ואז שרה המקהלה: "מה עצמת אל מכל אלוהי מצרים!". לאחר שכולם יוצאים ומשה נותר לבדו הוא פותח בשירה זו: "מה עצמת אל! רחוק הנך וגדול מבינת האדם! רעיון רב-פנים! האם כך יפול דבר? היתכן כי יעשה זאת אהרון? הנה כי כן עשיתי לעצמי צלם כזב, כוזב ככל צלם אחר? על שום כך הוכיתי והובסתי, על שום כך היתה אמונתי לטירוף שאין לתת לה בת הקול". כל זה היה חלק מהשירה מלבד השורה האחרונה: "הו, מילה, מילה שחסרה לי", מילה, אשר אינה מושרת יותר, אלא מדובבת. בסוף אקט II מקבלת המילה משמעות נוספת בגלל העדר המוסיקה. היא נותרת מבודדת, בעלת ביטוי עיקר וללא כל צליל מוסיקלי: זוהי מילת הקריאה לפעול. בזאת מסתיימת האופרה כפי ששונברג חיבר אותה. וזהו, אם כן, האספקט השני של הפרוייקט "בין הקווים". לפני תחילת עבודת התיכנון המעשית של הפרוייקט עשיתי צעד שלישי. חקרתי את שמותיהם של כל אלו שהוגלו מברלין למחנות במשך כל אותן שנים גורליות של השואה הידועות לנו רק מההיסטוריה. כתבתי למשרד המידע הכללי בבון ושאלתי אם יש בידם ספר הכולל את שמותיהם של היהודים שהוגלו מברלין. ואכן נמצא ספר כזה, "ספר זיכרון", אשר נשלח אלי בדואר. זהו ספר בעל שני כרכים מרשים באופן יוצא מן הכלל, כמוהו כספר טלפון שחור וענק, שאין בו מלבד שמות בסדר אלפבתי - רק שמות, תאריכי לידה, תאריכי הגלייה והמקומות בהם האנשים הומתו. פרסום מדהים! עיינתי וחקרתי אחר כל השמות של הברלינאים והיכן הם נהרגו - אם בריגא, בלודז או בכל מחנות הריכוז האחרים. היבט זה שימש, אם כן, כאספקט שלישי.

האספקט הרביעי של הפרוייקט עלה מתוך יצירתו של וולטר בנימין רחוב חד-סיטרי. אספקט זה משולב בתוך שורה ארוכה

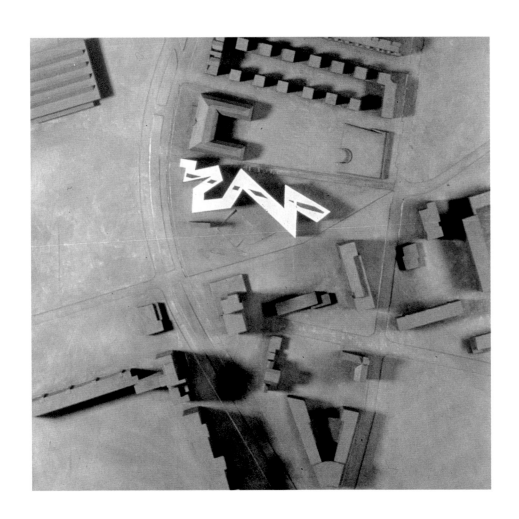

את סמלי העבר עם כל אי-הצדק שבו. אדם מייצב את המעמד, עת גורש
מגן עדן, ומשלבו עם תעודת האמנציפציה לו לקחת את גורל
ההיסטוריה בידיו. ביצירה של פאול קליי משנת 1940 (איור 5) הוא
עזב את האדם מחוץ לציורו וצילק את הצופן של העונש האלוהי כנגד
המלאך הרע. חמישים שנה יותר מאוחר מציין המוזיאון של ליבסקינד
את הנקודה בה הכה הברק ובה נותר צורו של הנחש, עליו חקוק התעוד
של הזמן בו שלטו השיעבוד והמוות בבל. שכן הלילה החשוך הטיל
את אימתו על השאיפה לאמנציפציה וזכויות האוניברסליות.

התמונות למאמר זה נמצאים בעמודים 17 עד 23.

1   מעיצוב המפלצת, האור-מונסטר
אורובורוס, הוצגו הן הדרקון והן
היקום בשמים, ראה פראנסיס
הקסליי, «הדרקון», לונדון 1979
ע' 88.

2   מתוך הברך «מהפך בנשימה»
1967, שהודפס במהדורה חדשה
«שירים», פרנקפורט צ. מ. 1975,
II, 101.

3   מתוך «דמויות הקריסטלין»
מ-1915, ראה או. קרל וורקמייסטר,
«ההתפתחות של הקריירה של
פאול קליי 1920–1914», הוצאה
לאור של אוניברסיטת שיקגו,
שיקגו ולונדון 1989, ע' 51 עד
56, וספר נוסף של אותו מחבר:
«נסיונות עם פאול קליי»
פרנקפורט צ. מ. 1981, ע' 41.

4   השווה למשל קליי «מראה של
העיר המאויימת», 1915, לעומת
זאת «ברלין הינה מבצרינו - היא

הכפילה את מספר אזרחיה פי
עשרה», 1919 (ברן, מוזיאון
האומנות, קרן קליי).

5   פאול צלאן «שיחות בהרים»
שנכתב באוגוסט 1959
ונדפס לראשונה
ב: «די נויי רונדשאו» 17
(1960) 2, 200, 202. תודתי לאנה
שטיינספיר עבור למצוא את הטקסט
המקורי של צלאן ודניס ל. ברטון
עבור העזרה בתירגומו.

6   יצקוב ג. צ'רניחוב «יסודות
הארביטקטורה המודרנית: מחקרים
ונסיוניים», לנינגרד, הוצאה
לאור של איגוד
הארכיטקטים, בלנינגרד, 1930.
צ'רניחוב חתר ליצור קשר ישיר בין
סגנון סטראומטרי וארביטקטורה
דימיונית.

7   תודתי לדר' מיכאל דיירס עבור
המידע בנוגע לעבודה זה.

פתוח בספר ובו כתב הבריאה. ההעתק והכפל הקרקע של המוזיאון,
אליבא ליבסקינד, מתקשרים להיסטוריה בכתב הקטע על העור, כשם
שאירועים מופשטים נחקקו בכאב בזכרון החיים.
בפרוייקט המושלם נדחתה כל הסמליות – אם היא נבחרה בכוונה
תחילה או באופן שרירותי, אם היא גיאולוגית, היסטורית או
ארכיטקטונית – לטובת בניין הכולל בחובו אופי נועז ומימד מיסטי.
מאחר והבניין מזכיר צורה של כנף אסופה, לעולם הוא לא יראה
בשלמותו מינקודת מבט כלשהוא. מי צד שני מסדרון ישר חוצה את
גוף הבניין לאורכו מבלי לאפשר גישה אליו [איור 9]. הסתירה –
שבמקרה זה הינה גם מקור לזהות ושוויון – בין מעבר חיצוני שנותר
מחוצה להניין לבין הבניין שהינו בילתי עביר לחלוטין או גלוי
למראה, טומנת בחובה סוד כמוס בתוך המוזיאון. אגפיו המנוגדים
מחברים את האלמנטים הרמטיים של ה **שרבית**, המטה של הרמס,
שצורתו מוט ישר עם שני נחשים המתלתלים עליו, או בצורת המטה
והנחש שבידי משה שנועדו להושיע את עמו במדבר. הרשימה
האין-סופית של יהודי ברלין שגורשו והומצאה של שכבת האבץ המכסה
את הבניין, חורתים עליו שורות של חתבים הירוגליפיים – קול צנות
חלושה לזכרם. בצורתה החיצונית ניראית כנף המוזיאון בצורה
המשתייכת לסגנון מודרני של בתי ספר לארכיטקטורה ועיצוב. ספרו
של יעקוב ג. צ'רניחוב » יסודות הארביטקטורה המודרנית« שפורסם
בלנינגרד ב-1930,[6] גדוש איורים של פיגורות המתפתחות מגיאומטריה
אלמנטרית לקומפוזיציות לצורות מובלעות. ביניהם קיימת רצועה
בודדה שעוודה את הרעיון של תוכנית המשבית שדחסה לתוך קפלים
בצורת זיג-זג [איור 10]. באמצע שנות העשרים הוצג בפביליון
הסובייטי של קונסטנטין מלניקוב [איור 11] בתערוכה של אמנות
הדקורציה התעשייתית בפריז אחד הדגמים הראשונים של בניין
שהמבקרים בו חוצים אותו מבלי להכנס לתוכו הלכה למעשה כשהם
יורדים במעבר מלוכסן ומדורג הסובב מסביב לפנלים של הגג. חברי
הבאוהאוז, פאול קליי [איור 12] ווסילי הנדיסקי [איור 13], ציירו
לעיתים הרובות משטחים מקופלים עם ערב רב של קווים ותלים
שתנועתם חודרת וצורבת את פני משטח הנייר או הבד עליהם הם
מודגשים. הציורים הללו מותווים עם קווים על גבי קווים אשר דוחסים
את הצורות לעומק דימיוני ונצים הלוך וחזור בין הרבדים גדושי
האשליה. פני שטח מקווקווים אלה משופשפים ברשת דוקרנית מכפילים
את נפח המוזיאון, ובאים לעגן אותו בתוך מחסה. משטחי
מתכת מגולוונים יכסו את כל הבניין כשהשקשים. גוון המט שלהם
מזכיר לא מעט את הגגות המסורתיים של הבניינים הסמוכים –
מסורת ששמשה קו מנחה לרעיון של החומר: הבניין הבוהק בצורת
מדרגות והמשתרע בצורת זיג-זג כלפי הגן של מוזיאון ברלין הקיים
יוצר אסוציאציה מרשימה.
העיר ברלין נחצתה על ידי הברק שפגע בה, צרב את הקרקע ושינה
את גורלה. הבניין החדש במקום הזה נראה כנשל מתכת של נחש,
עור בפני עצמו על כל הקפליו שנננטש על ידי הגוף שנעטף על ידו
בעבר. ב-1794 האיקוניון של ההצהרה האוניברסלית על »זכויות
האדם« [איור 14] מכה בחשבת ההיסטורית עם טערת ברקים שצרבה

בצורה של קווים עקלקלים המתנגשים אחד במשנהו ונמתחים בין
שני כובבים צנויים.3 בבוא לתכנן עיצוב את המוזיאון ליהדות
ברלין (איור 3) לא הסתפק ליבסקינד במיקום במפת העיר בלבד
אלה הוא ידע לשלב את המראה החיצוני שלו בתוך טופוגראפיה בילתי
ניראית. שמות של אישים ומקום מושבם כמו היינרייך פון קלייסט,
רחל פארנהאגן, היינריך היינה, מיס פאן דר רוהה ואחרים – יוצרים
רשת של הקווים מקשרים המתאחים לצורת כוכב של מגן דוד המטיל
צל מצוות – תמונה מצוותת של ה**חותם** המאפיין את ברלין. ליבסקינד
הרחיב את **אי-כובב** של קליי המרחף מעל נוף ההרס כמעין צופן של
שואה. הוא תאר את המוזיאון כשבר משונן, כברק המצית את הקווים
המרושתתים החוצים את העיר. גם קליי עצמו צייר שוב ושוב חיצים
בהים המתנגשים אחד במשנהו במקומות הרי אסון (איור 4).9 הברקים
המגושמים תוארו על ידו בקווים עקלקלים ומשוננים החוצים זה את
זה מידי פעם אך צורותיהם החיצוניות מתגמדות לאותות וסמלים.
כמנהגו לתאר במכחולו ביצירותיו משנת חייו האחרונה. לא זו בלבד
שהחץ המתבלט הישר מתוך ענן מורה על מקור השכינה האלוהית
שאין לרדת לצומקה, אלא גם הנושא המיוחד במינו שקליי העניק
ליצירה מוסיף נופך לסמליות של הצורות:« נחש בראשית מיד לאחר
הקללה» (איור 5). ברק-הסערה הנורא אינו נוגע בנחש בציורו של
קליי. השניים מוצבים האחד כנגד השני. בצופן של ליבסקינד
מופיעים לעומת זאת, הברק והנחש ביחידה אחת הנצה בזיג-זג בתוך
הנוף השומם.
צורת הצופן המיחדת שיועדה להקמת המוזיאון (איור 6) נבצה מיצירה
קודמת של ליבסקינד« קווי האש» שהושלמה ב-1988 (איור 7)
ושצורתה המשוננת חצויה לשניים על ידי חתך ישר. חתך זה מושך
אמנם את תשומת הלב של הצופה, אך נעלם לסרוגין אל תוך חריץ
צר. בהתאם לכך, מתבנן ליבסקינד לחקוק על הקירות לאורך חלל
המסדרון הישר של המוזיאון ברלין את שמותיהם של כל אלו שגורשו
מברלין או הומתו בה, דבר האמור לעבב את הצופה ולהעביר לו את
מסר התחינה הצנווה לזכרם. אולם הקשר הזה בין « קווי האש» לבין
מוזיאון ברלין הינו יותר מהתופעות אותם הוא נועד לתאר. הוא
מוביל אותנו הלאה מהרעיון הראשוני של צורת המוזיאון המקורית.
על פי הנוסח הראשוני של הפרוייקט, עת הגשתו במסגרת המכרז
ב-1989, נפרשת כנף יחידה מתוך הקטע הדחוס לצד הכביש כלפי מזרח
כאשר היא הולכת ונוטה המתלול חד המזכיר מצודה תלולה (איור 8).
דחיפתם של הפרופורצריות הגיאולוגיות האמורה להגביה את המסות
הללו עד לגובה פני הקרקע שמסטביב ובכך להציב אותן מעל גבי
הקווים המשוננים של הקיבועם בקרקע. העצמה של הזוה מציין זה משנה
את הקרקע ומצלה את שכבותיה מן הצומק כלפי מצלה. בהרים
המתמתנים במשך זמן חשיפתם מתבלט הקרקע ונפצר בספר :« האדמה
הצלתה כאן למצלה קפלים, היא התקפלה פעם ופעמים ושלש
ונפתה במרכז...» «...והקפלים שם, יודע אתה, אינם מיועדים לאנשים
וגם לא לנו, גם כושר התהלכנו כאן ונפגשנו האחד עם חברו, אנו
נמצאים כאן מתחת לכוכב, אנו היהודים, שבאו לשם כמו האביב דרך
ההרים...»5 משטח האדמה, מקופל, חצוי ומקופל בתנועה מבנית אדירה,

«שבר – האש המתלהט מתוך
הרקיעים וחודר ליקום»

פאול צלאן[2]

סכנת החורבן הינה צתיקת יומין בתולדותיהן של הערים עצמן. היא
מרחפת לנצח מעל שמי הערים ומתווה את צתידן. מאז תקומתה יועדה
העיר להיות מקום ישוב מי סוג חדש האמור לשמש מקלט לכל אסופיו.
העיר, אם כן, הינה **מפלט**, היינו, מקלט של החברה האנושית ולא רק
מקלט פיזי. אבן, כאשר סבלו הערים מהרס וחורבן, רחשה הסכנה
לא רק על החיים והקיום פיזי של אזרחיה, אלא גם על החברה האנושית
בכלל. כן מוטלת העיר – בהוותה מקום **מפלט** החובק את החברה
האנושית שיסדה אותה – לזרועות הגורל של חברה זו ועל כן היא
נוטה בהכרח לשמש מטרה להרס וחורבן.

מאז ימי קדם ועד היום היה כיבוש וייסוד ערים אירוע הרה גורלות
בני האדם, אם נזכור את השחתת סדום, נפילת טרויה או הריסת דרזדן
או אם נדבר על ייסוד רומא או וושינגטון, על כניצת הערים למדבריות
או הצלמותן אל תוך הג'ונגלים. הלוא גם הקריאה ההיסטרית של היטלר
למחיקתן של ערים עוינות מעל פני האדמה גוועה לשמע הד ההרס של
צרי גרמניה במהלך ההפצצות האוויריות. גשם זרחני המותח מן השמים
והשמדת הערים בסערות-אש מלאו את המציאות הנוראה המתוארת
בנבואותיהם של נביאים זמן רב לפני שהריסת ערים בעזרת הפצצה
גרעינית המיטה את הקלונה האפוקליפטי על ההיסטוריה.

במאה הנוכחית הננו צדים להתמוטטות אורבנית מסוג אחר. זהו עידן
של דור היסטורי המוטל טרף בידי טפילים ונתון לקריסה איטית – וזאת
לא דווקא צקב אליוצים בכוח הזרוע. היצוד המקורי של הערים לשמש
מפלט, שמטבע הדברים מתמקד בבתי מקדש, החל לכרוע תחת צול
ההרס התמידי המתבטא בהזנחת המקדשים בהתפוררותם. הערים
ההיסטוריות הנו לעצמן שם בזכות צצמתן הבילתי מצורערת וצושרן
הצצום. הישגים אלו באו לידי ביטוי רק בשל מיקומן של הערים
במרכזי תחבורה וצורקי תנוצה. כיום – יותר מכל זמן אחר – מדובר
על אמצעי תחבורה על כל סוגיהם שכבשו בסצרה את הערים ודחקו
את תושביהן אל בינות שרידי הצבר. בעוד צרים רבות כורצות
תחת צול הריסותיהן, גורמים כלי התחבורה מתחת לפני האדמה,
ועל גבי גשרים לצומס שמקורו במצרבולת מבנית צורמנית.
יצודן המקורי של הערים במרכזי חילופין החל להתוות את אורח החיים
בהן במיוחד בשל הזרימה היומיומית של מיליוני בני אדם אל תוך
הערים ומחוצה להן. מכאן נובצת הסכנה שהערים תאבדנה את אופיין
המקורי (איור 1). העיר, אם כן, שודקת צל גחלת ההרס הטמונה צמוק
בקירבה כאילו היה זה פרי ההולך ובשל בתוכה ומשמש כמוטיב
לצוואתה. רק הסיכוי להרס ולגאולה יכול להשתנות, אך לא הקיום
שלה. העיר, במקום שהכל נמשך אליו, הופבת מיד למרכז בילתי
חדיר, הטומן בחובו את ההרס הצצמי שלו.

בשלהי מלחמת הצולם הראשונה השלים פאול קליי את יצירתו «הרס
ותקווה» (איור 2) או כפי שהוא בינה אותה בתחילה «בליון ותקווה»

סוף סוף היגיענו לזמן הזה: בנובמבר 1992 יונח אבן-הפינה
לבניינו החדש של המוזאון ליהדות. שמחתי רבה על כך שהפרוייקט
יתקדם צעד גדול קדימה בדרך להגשמתו. צבורי כמדינאי ואחראי
לתרבות מהווה הפרוייקט וחלקי בהגשמתו - בגלל משמעותו
הארכיטקטונית והתוכנית - זכות יוצא-דופן נדיר.
תוכניתו של דניאל ליבסקינד צונה על צרכיו של מוזאון ברלין
ובגלל זה על אלו של אגף מוזאון ליהדות « כמודל אינטגרטיבי »
המקובל על הכלל כפי שהוא מוגדר על ידי מוזאון ברלין. כתוצאה
מכך יש לנו תוכנית בניה חדורה בתוכן, בה תוכן ובניה מותאמים
זה לזה ומחזקים אחד את שני.
האגף מוזאון ליהדות בתוך מוזאון ברלין הוא חלק מן הכלל מחד,
ומאידך גיטא « מוזאון בתוך מוזאון ». המבקר במוזאון ברלין יתהל
בעתיד בהיסטורית יהודי ברלין גם מחוץ למוזאון ליהדות, והמבקר
רק במוזאון ליהדות יעמוד מצדו מול היסטורית העיר.
צורתו היוצאת דופן אותה ליבסקינד נתן להרחבתו - המתקרדב אומנם
לבניין הברוקי במספר נקודות אך אינו קשור עליו מעל פני השטח -
מצביע בבירור על התקופה השונה בה כל אחד מהם נבנה. באותו זמן,
הארכיטקטורה של ההרחבה - הפונה מזרחה - נותנת סדר אורבני מסוים
ליתר הבנינים כאוטיים כמעט של הסביבה. העובדה שצורתה
הארכיטקטונית להצגת ההיסטוריה של יהודי ברלין מביא סדר מה לעיר
ברלין ההרוסה היא חלק מן התוכנית: הן כלפי חוץ והן כלפי פנים.
פרוייקט זה כה חשוב לברלין שבית-הנבחרים והסנאט גם יחד הסכימו
בינהם על תחילת הבניה כבר עכשיו, והיא תמשיך ללא צכובים עד
לסיומה - למרות המשבר הכספי של עיר. דווקא בזמנים של חוסר
כסף יש לקבוע עדיפויות. ובניין אשר מחייב הן מצצם העבר והן כלפי
העתיד הוא אחד מן הפרויקטים שאין לוותר עליהם.

אולריך רולוף-מומין
סנאטור לעניני תרבות

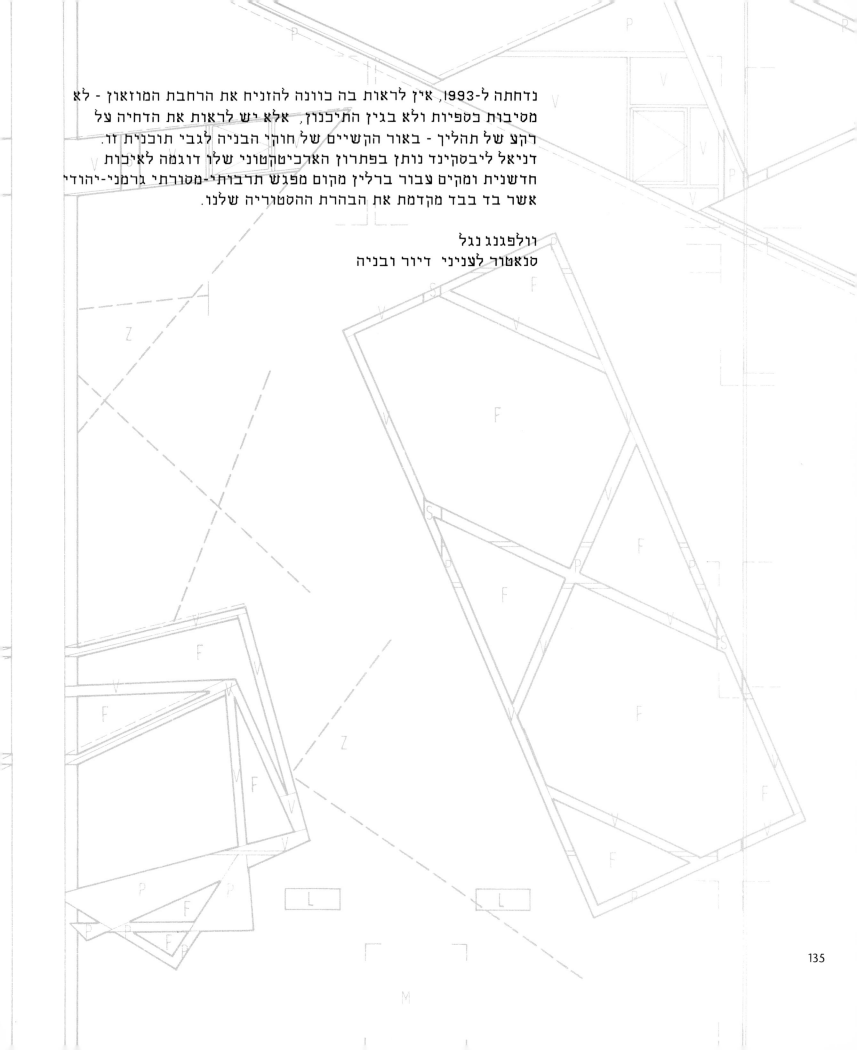

נדחתה ל-1993, אין לראות בה כוונה להזניח את הרחבת המוזאון - לא מסיבות כספיות ולא בגין התיכנון, אלא יש לראות את הדחיה על רקע של תהליך - באור הקשיים של חוקי הבניה לגבי תוכנית זו. דניאל ליבסקינד נותן בפתרון הארכיטקטוני שלו דוגמה לאיכות חדשנית ומקים עבור ברלין מקום מפגש תרבותי-מטרתי גרמני-יהודי אשר בד בבד מקדמת את הבהרת ההיסטוריה שלנו.

וולפגנג נגל
סנאטור לעניני דיור ובניה

תולדותיה של עיר קשורות בצורה בלתי נפרדת בבני-אדם שחיו וחיים בה. בני-האדם הם המעצבים את פניה של עיר ומטביעים בה את חותמם - ביצירתיות, בחלומותיהם, בהעזה ובאומץ-לבם, אבל גם במופלתם ובתבוסתם. כך גם כן תולדותיה של העיר ברלין הינם בראש ובראשונה ההיסטוריה של בני-אדם. רחובות וכברות לעומת זאת הינם אסמכתא באבן בלבד.

ברלין בצלת הסטוריה יחודית במינה המשתנה בקיצוניות רבה. סובלנות ופתיחות לעולם היו מסממניה הבולטים בדך כלל - הודות להן נמצא היא במקום חשוב בין יתר הערים בעלי שם. סובלנות זו גרמה שאזרחנו היהודיים השתבנו בברלין. היהודים, שלהם אחת התרבויות העתיקות ביותר אשר דתם שמשה כערש להרבה דתות בעולם, השתתפו באופן פציל ביותר כחלוצים וכשותפים בפיתוח ההיסטוריה הגרמנית - כמו כן ההיסטוריה הברלינאית.

אות-קיין לגרמניה ואיתה לברלין התחייבות להיות מודעת לתקופה האפלה והמביישת שבהסטוריה שלה. שואה, השמדת-עם ורדיפות הם עמוק על פני עברנו. כך שתכנון הקמת מוזאון ליהדות בחלק אינטגרלי של מוזאון ברלין הינו גם צו למודעות של התיחסותנו להסטוריה שלנו. ביוני 1989, כלומר לפני למעלה משלוש שנים, הוחלט על פרסמו של מכרז להרחבתו של מוזאון ברלין.

במכרז לאדריכלים השתתפו בנוסף ל-165 אדריכלים מתוך גרמניה גם אדריכלים בעלי מוניטין בינלאומיים. חבר השופטים - בראשותו של יושב-הראש שלו, הפרופסר יוסף קלייהוס, העניק את הפרס הראשון דווקא לתוכנית המתגרה ביותר, וזאת בתמימות-דעים נדירה ביותר. חבר השופטים למכרז ציין בהענייקתו את הפרס לאדריכל דניאל ליבסקינד מישראל כי זאת הזדמנות גדולה ואתגר צבור ברלין.

בתוכנית יוצאת הדופן שלו וגם בצורתו הקיצונית מצליח דניאל ליבסקינד לעמוד במשימה הקשה - לקשור בין ההסטוריה הברלינאית להסטוריה היהודית על ידי הרחבת הבנין של הקולגיינהאוז ההסטורי. כאשר הוחלט על פרסומו של המכרז היתה תסיסה באויר - יציאה לאופקים חדשים שהצם עיידן לא נרא, הן בחלק המזרחי של ברלין והן ברפובליקה הדמוקרטית הגרמנית של דאז. אבל מי בינונו היה אז יכול לחזות מראש שחיינו של כולנו ישתנו כה מהר ובצורה קיצונית כל כך ?

בין לילה שני חלקי העיר המחולקת התאחדו ומידי יום ביומו צומדים בפני אתגרים חדשים. מצוקת הדיור, מהות בניה ותשתית ירודה ומתפוררת בצורה מפחידה בחלק המזרחי של העיר - כל אלו הוראים ויקראו גם בצתיד באופן דחוף להשקעות בסדר גודל שקשה לחזות אותן מראש.

כך גם הדין בויכוח שהתצורר אודות לתוכנית המזאון - לא לגבי הצקרון להרחבתו, אלא סביב הקפו הפיננסי שלו, אבל דווקא באותו ויכוח הוכח מחדש לאור השינויים הממשיכים בצירינו כמה חשובה היא התוכנית למוזאון כדבר מובן מאליו צבור העתיד של ברלין -
למרות שתחילת ביצוע המכרז - שהייתה מתוכננת להתחלת 1992

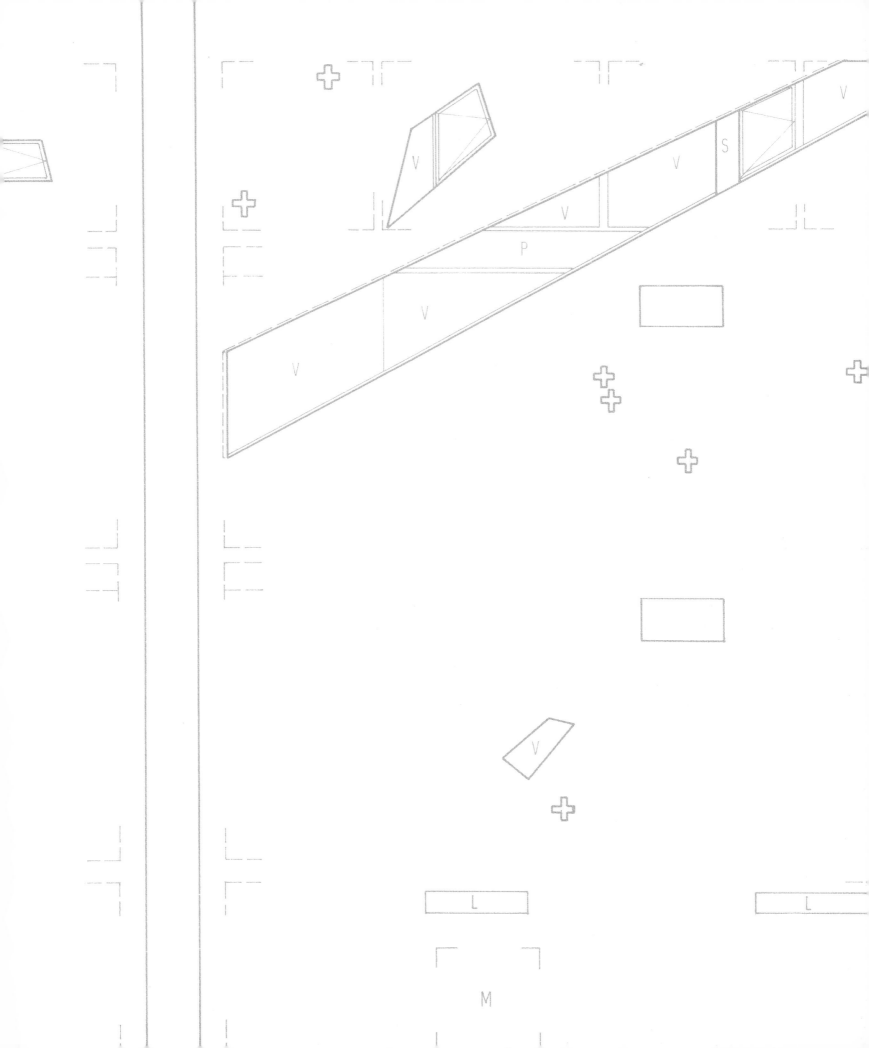

לפני שנים מספר החליט גוף בינלאומי בכנס של המכון **אסמן** בברלין
- מבלי   שהמוזיאון ליההדות יהווה חלק בלתי נפרד ממוזיאון ברלין.
משתתפי הכנס היו משוכנעים כמונו שהצגת ההסטוריה הגרמנית
לציין את תולדותיהם של היהודים בגרמניה - לא מתקבל על הדעת, במיוחד
לא במקרי של הסטורית היהודים בעיר ברלין. למרות רדיפות והשמדת-עם
במשך תולדותיהם היו ונשארו היהודים ממציאים ויוצרים אשר השתתפו
באופן פעיל בהתפתחות תרבויות רבות ושונות בעולם ובמיוחד בתרבות
שלנו.

לבן תרומתם היצירתית מלאת חיים של אזרחנו היהודיים שהיינה חלק
חשוב של חיינו התרבותיים העשירים חייבת להיות מוצגת בתערוכה
מתמדת.
הרחבת מוזיאון ברלין תכלול מוזיאון ליהדות יחיד במינו בו יוצגו אוספים
בתקופת   דתיים ואוספים חלוניים. לנו התקווה שיועמדו לרשותנו יצירות
וחפצי-צרך או במתנה או בהשאלה אשר הוחרמו
שלטון הנאצים.
בתוכנית הארכיטקטונית להרחבת הבנין נחללים רעיונות ויסודות
מבנה פנימי שהם חומר למחשבה.
מוזיאון   המוזיאון יצלה במשמעותו הרבה מעבר למושג המקובל של מילה זו,
ובנוסף הוא גם יקבל אופי של גל-עד. בדרך זו תתרום הרחבת
ברלין, ואיתו המוזיאון ליהדות, באופן נכר להידוק הקשר שביין תולדות
היהודים לתרומתם לעיר זו - על רקע השואה - ותהיה לתקווה לעתיד.
למרות הקשיים הכספיים שלנו הוחלט על ידי הסנאט של ברלין עוד
באוקטובר 1989 להגשים את תכניתו יוצאת הדופן של דניאל ליהסקינד.
בו בזמן שברלין מכינה את עצמה לקראת המאה ה-21 ומתכוננת למלא
כראוי את תפקידה בבירת גרמניה המאוחדת, ישמל הרחבת מוזיאון
ברלין עם אגף מוזיאון ליהדות חזון אמת ומלא ותקווה לעתיד דינמי
של עירנו.

אברהרד דיפגן
ראש-ציר המכהן בברלין

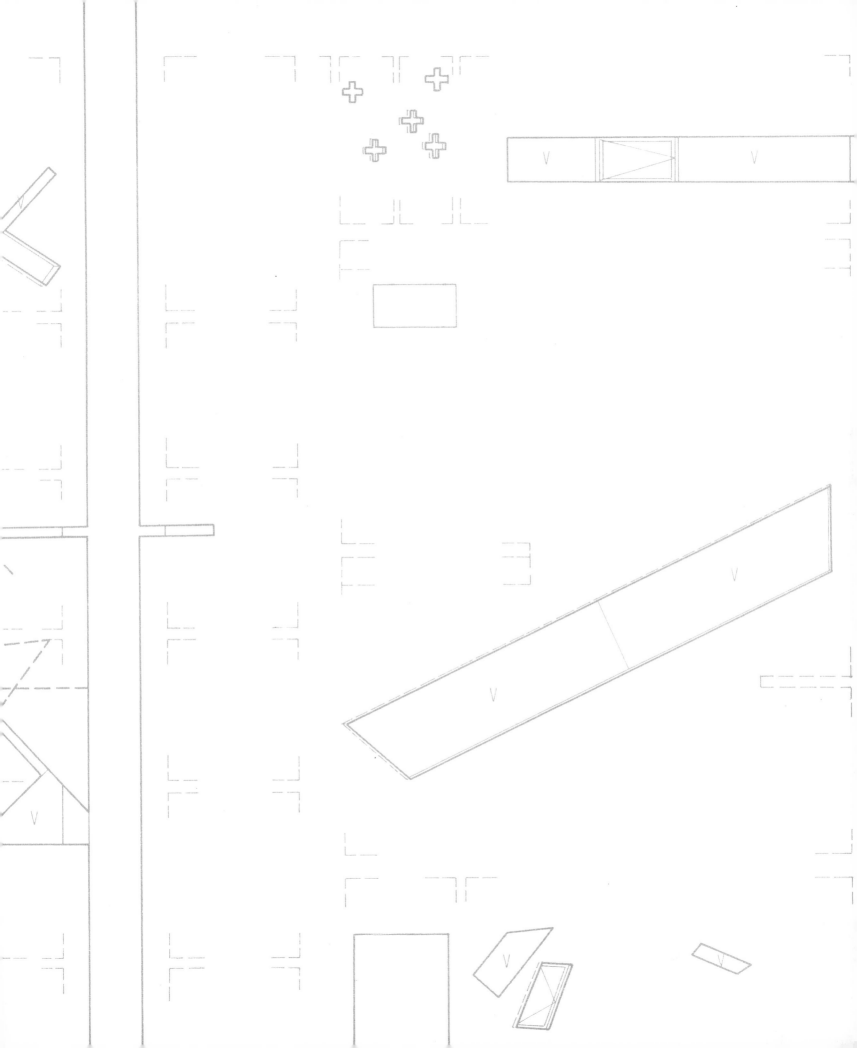

ברצוני להודות לאישים הבאים על תמיכתם הרב-צרך שלהם בזמן
הכנתם הן של הספר והן של התערוכה:
לדר' רולף בותה, מנהל מוזאון ברלין וחברי בברלין,
לגב' כריסטין פיירייס, בצלת גלרית צאדס וחברתי בברלין,
למר אציקה גאון, אוצר לעיצוב במוזאון ישראל וחברי בירושלים.
הודתי המיוחדת שלי ליוסף פאול קלייהוס, האדריכל והחבר.
ובסוף ברצוני להודות מצומק ליבי לאישתי ובת-זוגי נינה
הלוותה פרוייקט זה מתחילתו באמונתה ובהשראתה.

דניאל ליבסקינד

לאבי נחמן ליבסקינד
שחייו הם ההוכחה שלהיסטוריה המדינית
לא תמיד רשות דיבור באחרונה.

הפרסום הנוכחי, מיועד ללוות את התערוכה על תוכניתו של דניאל
ליבסקינד להרחבתה של מוזאון ברלין עם אגפו מוזאון ליהדות.
התערוכה הראשונה תפתח בספטמבר 1992 במוזאון ישראל
שבירושלים. תערוכות נוספות בניו יורק ובתוכיו עדיין בשלבי תכנון
בעת הדפדסתו של ספר זה.
ארגון וביצוע התערוכה: מינהל הסנאט לעניני דיור ובניה בברלין:
ריינר ווכה, קתרין נאומן.
מוזאון ברלין: דר' רולף בותה, הלמוט פ' בראון, דר' תומס פול.
מוזאון ישראל: אציקה גאון, אלאן ווראדי.
משרד האדריכלים ליבסקינד.

כל הזכיות שמורות, במיוחד אלו לתרגום לשפות זרות. אין להעתיק
ספר זה ללא אישור בכתב מהמציא לאור.

ציצוב: סופי בלייפוס.
תרגום של מסתו מאת דניאל ליבסקינד לגרמנית ועריכה כוללת:
אנט וויטהיכטר.
תרגום לאנגלית: קתרין אמרסון.
תרגום לעברית, עריכתו וסדר מוחשב: מרים מגל, יחזקאל סהר.
מאמרו של דר' קורט וו' פורסטר נכתב על ידו בגרמנית ובאנגלית.

צלומים: שמעון אתי; האנס-יואחים בארטש; מוזאון ברלין; סטיבן
גראד; דניאל ליבסקינד; אהסל מונאט; מיל/הניפשילד/ווברג,
אדריכלי גן ונוף; גה' אס' א' חברת מהנדסים סאר, אנזלייט
ושותפים.

הדפס: אופסט-רפרו טכניק, 61 ברלין 1000.
סידור: דיטה אחמדי, 31 ברלין 1000.
הדפסה: דפוס ראצלוב, 36 ברלין 1000.
כריכה: לידריץ את באור, 61 ברלין 1000.

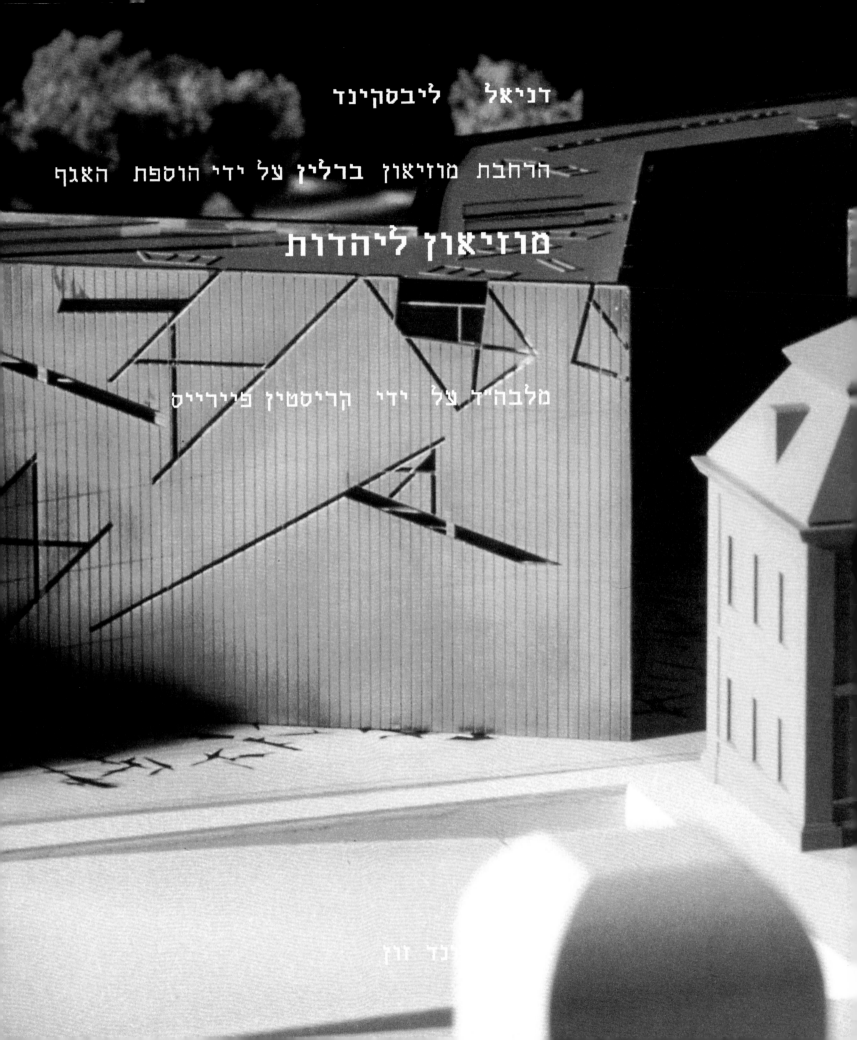

דניאל ליבסקינד

הרחבת מוזיאון ברלין על ידי הוספת האגף

מוזיאון ליהדות

מלבה"ד על ידי קריסטין פיירייס

נד זון